U0817721

本书是贵州省教育厅2016年度省级本科教学工程建设项目“以分析性而非描述性为导向的法律史教学改革研究”（项目编号：2016JG12）的最终成果之一。

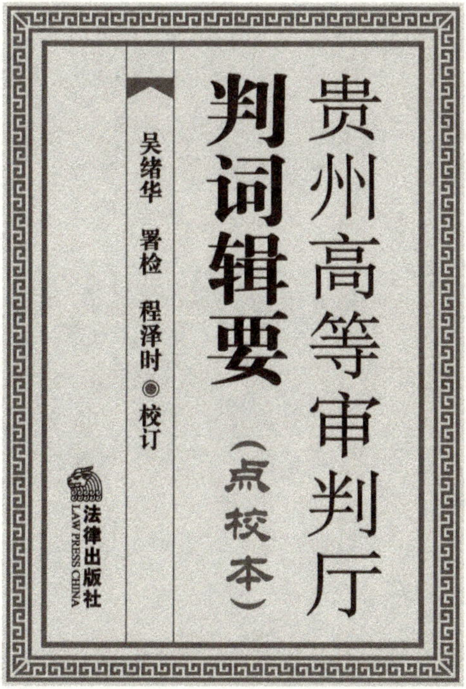

点校说明

1. 本书原版于1914年，由于出版的仓促，“民事判决”和“刑事判决”部分的目录次序，与正文次序有不一致的地方，此次点校，按照原版目录中的次序进行了调整。

2. 原版中，目录标题包含当事人、案由、文号，而正文标题只包含贵州高等审判厅裁判文书类型和文号，此次点校，因文号一致，故并未调整。

3. 本次点校，按照原书附录《校勘表》进行一一订正，故不再附录该《校勘表》。

4. 此次点校中，对“民事判决”“民事决定”“刑事判决”“刑事决定”中文书标题前，添加了序号。

5. 原文中的异体字及不规范字，均直接改正。

6. 原文明显脱漏之字，将脱漏之字置于“[ ]”之中。

7. 原文中有点校者认为可能有错误之处，以脚注的方式指出，供读者参考。

君主司法与民主司法：民初的贵州司法改革（1912～1914年）

——以《贵州高等审判厅判词辑要》为中心

（代序）

摘要：民初贵州推行以保障人权、司法独立为目标的司法改革，建立起包括贵州高等审判厅在内的三级审判厅，审检合署。新式法院被移植在家族本位、农本与零星的城镇商业化的贵州土地上，遭遇了地方政府政治权威弱、君主司法历史包袱重的困境，驻军和秘密社会组织干预司法，各级审判厅、县知事为讼费收入而管辖竞争。贵州高等审判厅覆判县知事审拟重刑案件，发挥了一定保障人权的作用。

关键词：君主；民主；司法改革；权威；人权；高等审判厅

西方法学语境里，司法权肇始古希腊的分权思想。亚里士多德《政治学》的“政体三要素说”认为，任何一种政体都由议事机能、行政机能和审判机能构成。洛克的《政府论》将国家权力分成立法权、执行权和对外权三种，立法权由议会掌握，后二者都属于行政权，由国王掌握。洛克的分权思想中，没有司法权的独立位置，司法权从属于行政权。孟德斯鸠则认为，国家权力包括立法权、行政权和司法权,应当由不同的国家机关掌握,三种权力彼此独立,互相制约。但分权思想并没有回答国家权力的来源问题。所幸亚里士多德又提出:“由多数意志裁决一切政事而树立城邦的治权,就必然建成为平民政体”。[①] 民主在古希腊文中,字面意思是“人民的统治或权力”,是指多数人掌管政权的组织形式。如果分权思想不和古希腊的民主思想接榫,就不会产生近现代的民主司法类型,就会仍旧停留在古代的君主司法类型上。中国传统社会是一个君主社会,司法权力来自于君权。辛亥革命成功,建立中华民国,必然要走从君主到民主的政治转型过程,也要求从君主司法迈向民主司法。君主司法主要讲究伦理和情理,但没有法理主导意识。君主司法中可以有恤刑、慎刑观念,但绝没有人权观念。清咸同起义以降,清帝为维护皇权,不惜让基层府厅州县、团练、军队拥有对匪盗“就地正法”的司法权力,就是明证。从君主司法走向民主司法的历史过程是曲折的、渐进的,且各地区之间也是不均衡的。在此,拟以贵州省为例,对此项民国初年的司法改革,做初步的分析。

一、材料:《贵州高等审判厅判词辑要》

《贵州高等审判厅判词辑要》(以下简称《辑要》),是 1914 年 7 月贵州高等审判厅厅长吴绪华辑录的判决确定、已经发生效立的判词集。其中,民事判决书 26 份,民事决定书 10 份,刑事判决书 38 份,刑事决定书 6 份。最早的一份刑事判决书是 1913 年 1 月 7 日的高字第二〇四号,最晚的一份民事判决书是 1914 年 7 月 31 日的高字第二九一号。但是,1913 年 10 月 4 日的高字第一二二号民事判决,是对 1912 年 8 月 27 日贵阳地方审判厅的第一审民事判决的二

---

① [古希腊]亚里士多德:《政治学》,吴寿彭译,商务印书馆 1965 年版,第 190 页。

审判决。1913年6月4日的高字第三号，是对1912年12月27日贵阳地方审判厅的第一审民事判决的二审判决。因此，材料的起讫时间大致为1912～1914年。其辑录的目的有二：一是服务于兼理司法权的县知事；二是服务于贵州省公立法政学校的学生。辑录的标准是须与法理、人权关系较密切的。《辑要》还附录了《贵州高等审判厅职员履历俸给表》《贵州高等审判厅元年、二年度经费总册》。

吴绪华，字协安，号爽冉，①贵州贵阳县人，1905年被选派赴日留学，毕业日本宏文学院普通科及日本大学法律科、明治大学高等研究科，宣统三年(1911)法政科举人，曾充本省公立法政学校校长、省议会议员、参议院议员。1913年4月至1914年12月，中华民国北京政府委派吴绪华署贵州高等审判厅厅长，后因回避本籍而卸职。1916年8月，贵州省曾派吴绪华复任贵州高等审判厅厅丞。后因司法部直接派胡曜到任而调职离任。②

二、1911～1914年贵州省地方社会与司法概况

(一)1911～1914年贵州地方社会概况

1911年11月3日，由自治学会领导的新军，逼迫贵州巡抚沈瑜庆交出巡抚印信，并通饬全省文武官员，宣布正式离职，交政于民。同月4日，大汉贵州军政府成立，宣布贵州独立。③ 但仅仅3个月后，1912年2月2日，预备立宪会联合地方官绅、团练、新军发动了“二·二”政变，贵州军政府实权已落入宪政派、耆老会、地方团练的共同首领刘显世之手。刘显世、戴戡等为牢牢地把控贵州的政权，

---

① 何静梧：《贵阳历史研究》，贵州人民出版社1996年版，第106～109页。

② 贵州省地方志编纂委员会编：《贵州省志·审判志》，贵州人民出版社1999年版，第90页。

③ 冯祖贻、顾大全：《贵州辛亥革命》，贵州人民出版社1981年版，第109页。

密邀滇军入黔为援。1912 年 1 月 27 日,唐继尧于昆明誓师,“率师入黔,事定后当移师北伐”。3 月 3 日,滇军控制了贵阳,辛亥革命后建立起来的贵州军政府遂告覆灭,唐继尧被推举为贵州都督。1912 年 4 月 26 日,大总统袁世凯任命唐继尧署理贵州都督。1913 年 11 月初,唐继尧回滇。11 月 1 日,刘显世任贵州护军使,戴戡任民政长。因此,1912 年 3 月至 1913 年 11 月由唐继尧领导的贵州地方政府,具有形式合法性,是民国北京中央政府所任命的。同时,也具有足够的军事武装力量,拥有合法的暴力手段,能够稳定贵州的政治局面。

(二)1911 ~ 1914 年贵州省地方司法概况

1910 年 11 月 15 日,贵州高等审判厅、贵州高等检察厅、贵阳地方审判厅、地方检察厅正式设立,朱兴汾为高等审判厅厅丞,贺廷桂为高等检察厅厅长。至 1911 年 11 月 3 日贵州辛亥革命爆发,办理未满一年。但是这不到一年的时间里,还是留存了贵州高等审判厅、高等检察厅、贵阳地方审判厅、地方检察厅、第一初级审判厅的 27 份批词、判词。[①] 唐继尧任贵州都督时,曾一度裁撤司法机关,设立裁判局,为时仅 6 个月,即至 1913 年 11 月又恢复审检厅制。但从《辑要》来看,1913 年 1 月依然有以贵州高等审判厅名义的刑事判决,并未以裁判局名义公布裁判文书。1914 年 5 月以前,中华民国中央政府,延续了前清司法改革的顶层设计,继续筹设各级审判厅,从行政机关兼理司法的窠臼中摆脱出来,但是贵州省并未贯彻始终,有反复和动摇。缺乏经费应是一个重要原因。1913 年 12 月

① 汪庆祺主编:《各省审判厅判牍》,李启成点校,北京大学出版社 2007 年版,第 25 ~ 236 页。

电告司法部，审检所因无款均未成立。[①]《辑要》没有收录1911年11月3日至1913年1月之间的判词，是何缘故，除了经费掣肘外，应该缺乏民主司法理念的因素，后文会详及。

1914年4月5日，中华民国中央政府颁布了《县知事兼理司法事务暂行条例》，因经费和人才匮乏而调整、放缓了司法改革步伐。同年5月15日，裁撤贵阳初级审判厅、贵阳初级检察厅。[②] 同年7月1日设立贵州高等审判厅第一高等分庭于镇远道，管辖镇远道27县，及余庆、丹江2县。[③] 同日还设立贵州高等审判厅第二高等分庭于贵西道，管辖贵西道23县。[④] 清镇、安顺、普定、平坝、紫云五县，原属贵西道，因距省较近，故归贵阳地方审判厅管辖。[⑤] 贵州省共计79个县，其中龙里、修文、贵定、紫江、定番、广顺、罗斛、大塘、长寨、息烽10县的上诉机关是贵阳地方审判厅，其余各县均施行邻县上诉制。[⑥] 设立第一、第二高等分庭后，废除邻县上诉制，改由第一、第二高等分庭为上诉机关。[⑦] 1914年贵州省兼理司法县知事有1名受到褫职的惩戒，有1名受到记过的惩戒。[⑧] 1914年5月至12月，

---

① 《司法部三年份办事情形报告》，载《司法公报》第34期(第一次临时增刊)，第23页。

② 《司法部三年份办事情形报告》，载《司法公报》第34期(第一次临时增刊)，第19页。

③ 《司法部四年度办事情形报告》，载《司法公报》第60期，民国五年(1916年)五月三十日，第4页。

④ 《司法部三年份办事情形报告》，载《司法公报》第34期(第一次临时增刊)，第22页。

⑤ 《司法部四年度办事情形报告》，载《司法公报》第60期，民国五年(1916年)五月三十日，第4页。

⑥ 《司法部三年份办事情形报告》，载《司法公报》第34期(第一次临时增刊)，第49～50页。

⑦ 《司法部四年度办事情形报告》，载《司法公报》第60期，民国五年(1916年)五月三十日，第12～13页。

⑧ 《司法部三年份办事情形报告》，载《司法公报》第34期(第一次临时增刊)，第16页。

贵州省合格且已经登录的律师有10名,不合格且未登录的律师有1名。[①]

1914年,贵州省高等审判厅受理民事案件总数215件,已结172件,未结43件;[②]受理刑事案件总数321件,已结151件,未结170件;[③]积案总数43件,年终已结27件(刑案11件,民案16件),[④]未结16件。[⑤] 1914年,贵州省高等检察厅受理刑事案件总数321件,已结151件,未结170件。[⑥]

1914年,贵阳地方审判厅受理民事案件546件,已结470件,未结76件;[⑦]受理刑事案件131件,已结120件,未结11件;[⑧]积案总数31件,年终已结24件(刑案8件,民案16件),[⑨]未结7件。[⑩] 1914年,贵阳地方检察厅受理刑事案件860件,已结813件,未结47

---

① 《司法部三年份办事情形报告》,载《司法公报》第34期(第一次临时增刊),第61页。

② 《司法部三年份办事情形报告》,载《司法公报》第34期(第一次临时增刊),第103页。

③ 《司法部三年份办事情形报告》,载《司法公报》第34期(第一次临时增刊),第110页。

④ 《司法部三年份办事情形报告》,载《司法公报》第34期(第一次临时增刊),第79页。

⑤ 《司法部三年份办事情形报告》,载《司法公报》第34期(第一次临时增刊),第66页。

⑥ 《司法部三年份办事情形报告》,载《司法公报》第34期(第一次临时增刊),第118页。

⑦ 《司法部三年份办事情形报告》,载《司法公报》第34期(第一次临时增刊),第103页。

⑧ 《司法部三年份办事情形报告》,载《司法公报》第34期(第一次临时增刊),第110页。

⑨ 《司法部三年份办事情形报告》,载《司法公报》第34期(第一次临时增刊),第100~101页。

⑩ 《司法部三年份办事情形报告》,载《司法公报》第34期(第一次临时增刊),第82页。

件。[1] 1914年8月贵州高等审判厅沁电致司法部讲:“各厅尚少积案,拟将六月以后受理之诉讼,除轻微案件外,仍行合议制,无须展限。”[2]

三、贵州高等审判厅的审判概况

(一)贵州高等审判厅裁判工作的质量、数量和特点

1. 质量

裁判工作质量评价标准是多方面。从判词来看,所录判词均符合《各级审判厅试办章程》第38条的“判词之定式”。另外,吴绪华在《辑要》的序言中自我评价:“迄今追维往事,年余以来,历试诸艰,渐皆就绪,而近验诸己,远鉴诸人,尚无内省之疚,指摘之加,私衷自幸,诚非始原所及。惟究心法学诸君,时以判例辩难,虽为之比事,属辞犹多,言不尽意,爰检阅旧案,有平反而得实者,有触类而引伸者。前事不忘,差堪隅反。”要之,一则没有受到社会舆论的指责,指的是社会实效;二则旧案例可资借鉴,为法科学生的解惑,指的是讲究法理。

2. 民事裁判工作的数量与特点

(1)数量

贵州高等审判厅民庭,设庭长1名,推事2名,共计3名,刚好能够组成合议庭,是人数最少的民庭之一。其中,只有花相1名推事是贵州官立法政学校别科毕业。1912年至1914年7月期间,陈正猷、徐承恩先后担任庭长。

陈正猷担任庭长期间,和推事何光祖、杨焜组成合议庭,贡献的高

---

① 《司法部三年份办事情形报告》,载《司法公报》第34期(第一次临时增刊),第118页。

② 《司法部三年份办事情形报告》,载《司法公报》第34期(第一次临时增刊),第80页。

质量的判词有3份。其中,1913年5月有1份;1913年6月有2份。

徐承恩担任庭长,和推事何光祖、花相组成合议庭,贡献高质量的民事判决判词23份,民事决定判词10份,共计33个案件。其中,1913年10月就有4份判词,平均每周作出一份高质量的判词;11份就有3份判词;12月就有2份判词;1914年1月和2月各有一份判词,可能和春节有关;1914年3月、4月和5月竟各有5份判词;1914年6月,就有3份判词;1914年7月,就有4份判词。

(2)特点

①民事判决的依据是以习惯为主、法理为辅。《辑要》的26份民事判决中,"习惯"出现11次,"惯例"出现2次,"通例"出现6次,"法理"出现4次。比如,贵州高等审判厅民事判决高字第八一号判决中,一方当事人重复典当田业,先后欺骗多名当事人,后被追偿典价而无力清偿,贵阳地方审判厅以当田时间先后顺序,确定优先权。贵州高等审判厅则提出优先权以登记为要件,不登记不能享有优先权,时间先后不能作为权利优先依据,只能平等地按股(典价)摊偿。该案体现高审厅民庭推事较为精湛的民法理论修养。

②民事决定的依据是明确的法条和大理院判例。《辑要》的10份民事决定中,"章程"出现5次,指的是《各级审判厅试办章程》《各级审判厅试办章程补定章程》。"民事诉讼律"3次,指的是《民事诉讼律草案》管辖各节;"法院编制法"出现2次;"法律"出现了3次,指的当事人不谙法律或没有实际指向的法律;没有出现"习惯"、"惯例"和"通例"。在贵州高等审判厅民事决定高字第一四六号决定中,直接援用大理院判例,判词原文为"援照《司法公报》第十期载大理院私诉判决锡光告王禄平毁祖茔一案,认本案控诉人请求之点为独立私诉,特移归民庭审理"。

③民事审判中证人的到庭费,由当事人负担。证人到庭费银

5钱,[1]或5角。[2] 此习惯,常常导致案悬难结。

3. 刑事裁判工作的数量与特点

(1)数量

贵州高等审判厅刑庭,设庭长1名,推事3名,共计4名。1912年至1914年7月期间,林名正、赵希岳先后担任庭长。刑庭推事先后有董正、吴纯武、章家骥、邓良焘、闵永濂。林名正任庭长时,赵希岳为刑庭推事。赵希岳、章家骥、邓良焘均是贵州官立法政学校别科毕业,闵永濂是贵州私立南明学校法政别科毕业。1912年至1914年7月,贡献了38份高质量的刑事判决书,6份高质量的刑事决定书,共计44份。其中,1913年8月,就有6份刑事判决,即至少是5天审结1个案子。林名正任审判长,与推事赵希岳、董正组成合议庭,贡献了34份高质量的判词。赵希岳任审判长,与推事董正、邓良焘、闵永濂组成合议庭,贡献了10份高质量的判词。

(2)特点

①刑事裁判没有审理期限限制。《辑要》的44个刑事案件判词中,有37个没有载明第一审裁判的时间,占84.1%。其中,31个覆判各县审拟处死刑、无期、一二等有期徒刑的刑事案件。根据《覆判暂行简章》第2条:"应送覆判案件,由各该府厅州县于审结后十日内备录全案堪供,径送各该高等审判厅或分厅覆判。"不载明第一审时间,无从查知各县是否于10日内已送案卷,也无从查知第二审裁判是否超过审理期限。事实上《法院编制法》《各级审判厅试办章程》均没有审理期限的规定。

《辑要》的44个刑事案件判词中,有7个载明第一审裁判的时间,占15.9%,均为贵阳地方审判厅的第一审案件。其中,第一审判

---

① 贵州高等审判厅民事判决第一二四号[民国二年(1913年)十一月十九日]。

② 贵州高等审判厅民事判决第一九三号[民国三年(1914年)四月十日]。

决时间与第二审判决时间相距最长的是 193 天,[1]最短的是 41 天。[2] 一般在 2 个月以上。

②依法裁判。定罪量刑均依据《暂行新刑律》,刑事决定依据《刑事诉讼律》。

(二)贵州高等审判厅与贵阳地方审判厅、县知事的管辖竞争

司法经费(包括薪俸)是制约司法改革的重要因素。《辑要》附录《贵州高等审判厅职员履历俸给表》载明:"本省财政困难,俸给向未全支,所领纸币,民国二年四月至十二月每元合通行银圆四角余,三年一月至七月每元合通行银圆五角余。火食均自备。"又附录《贵州高等审判厅元年、二年度经费总册》载明:"二年度经费本省核发之数,仅达部定半额,厅员念切桑梓,俸给未曾实支,加以活支一项更力从减缩,故节存陆千余元。"据此,笔者推测司法收入也是贵州各级审判厅追求的工作目标之一,也是它们之间管辖竞争的重要诱因。

1. 贵州高等审判厅侵夺贵阳地审厅、县知事的管辖利益

从《辑要》的民事判词来看,贵州高等审判厅,事实上充当了清镇、都匀、紫江、遵义、盘县、织金等县的民事诉讼的第二审机关。按照《各省初级管辖案件上诉机关一览表》,[3]紫江县初级管辖案件的上诉机关是贵阳地方审判厅,清镇、都匀、遵义、盘县、织金五县初级管辖案件的一审案件的上诉机关依次分别是安顺、麻哈、绥阳、南笼、大定 5 县。

贵州高等审判厅侵夺贵阳地审厅的管辖利益。1913 年 6 月 27

---

① 贵州高等审判厅刑事判决第二七八号[民国三年(1914 年)五月十三日]。

② 贵州高等审判厅刑事判决第三一二号[民国三年(1914 年)六月十一日]。

③ 《司法部三年份办事情形报告》,载《司法公报》第 34 期(第一次临时增刊),第 49 ~ 50 页。

日紫江县就杨沛钦与杨沛鼎争继争产案件作出一审判决,杨沛钦不服,控诉至贵州高等审判厅,同年10月27日高等审判厅撤销原判,更为判决。[①] 高等审判厅这样做不仅剥夺当事人的审级利益,而且有可能增加其诉讼成本,还侵害了贵阳地方审判厅的管辖利益,即诉讼费用收入。因为当事人本可以在贵阳地方审判厅二审,贵州高等审判厅三审终结,但越过贵阳地方审判厅,就会可能导致当事人必须要到大理院才三审终结。

贵州高等审判厅侵夺了安顺县对邻县清镇县一审上诉案件的管辖利益。1913年4月27日,清镇县就詹石氏与石竹青因冒宗虎霸案件作出一审判决,詹石氏不服,控诉至贵州高等审判厅,同年11月30日高等审判厅作出决定,驳回控诉,原卷发还清镇县查照执行。[②] 1913年9月13日清镇县就黄显枢与黄承泽因异乱混争案件出一审判决,黄显枢控诉至贵州高等审判厅,同年11月19日作出判决,撤销原判,更为判决。贵州高等审判厅收了讼费纸币9元。[③] 1913年10月24日,清镇县就王松林与戴锡铭因田业诉讼一案作出一审判决,王松林控诉至贵州高等审判厅,1914年2月26日高等审判厅作出决定,发还清镇县重审。[④] 1913年10月25日,清镇县就吕文光与邓子贞因互争绝业涉讼作出一审判决,吕文光不服,向贵州高等审判厅提起控诉。1914年1月14日高等审判厅作出判决,驳回控诉,变更原判部分内容,贵州高等审判厅收了讼费纸币9元。[⑤] 清镇

① 贵州高等审判厅民事决定高字第七九号[民国二年(1913年)十月二十七日]。

② 贵州高等审判厅民事决定高字第七〇号[民国二年(1913年)十一月三十日]。

③ 贵州高等审判厅民事判决高字第一二四号[民国二年(1913年)十一月十九日]。

④ 贵州高等审判厅民事决定高字第一六〇号[民国三年(1914年)二月二十六日]。

⑤ 贵州高等审判厅民事判决高字第六三号[民国三年(1914年)一月十四日]。

县一审的4起案件,有维持原判的,有撤销原判而改判的,有发回重审的,有部分变更原判的。

贵州高等审判厅侵夺了麻哈县对邻县都匀县一审上诉案件的管辖利益。1913年6月14日都匀县就龙光照与罗索氏互争田业案件作出一审判决,龙光照上诉至贵州高等审判厅,1914年4月2日高等审判厅作出终审判决,撤销原判,更为判决。高等审判厅收了讼费银圆8元8角。①

贵州高等审判厅侵夺了绥阳县对邻县遵义县一审上诉案件的管辖利益。1914年1月1日遵义县就徐士林与刘凤楼因债项纠葛案件作出一审判决,徐士林不服,控诉至贵州高等审判厅,1914年5月6日高等审判厅作出判决,驳回控诉。高等审判厅收了讼费银圆9元。② 1914年2月21日遵义县就邹益清与熊玉兴因债项纠葛作出判决,邹益清不服,控诉至贵州高等审判厅,同年6月3日高等审判厅作出决定,撤销没有叙明事实、阐明推理理由的原堂谕,发回遵义县重审。③ 1914年5月7日,遵义县就何明拱、王月斋与曹兴庸等因买业涉讼案件作出一审判决,何、王二人不服,向贵州高等审判厅提出抗告,同年5月27日高等审判厅作出决定,驳回抗告。④

贵州高等审判厅侵夺了南笼县对邻县盘县一审上诉案件的管辖利益,讼费纸币13元9角。1914年4月9日盘县就蒋尚勋与项秉镒、王国铭、吴德培因三善堂公产纠葛案件作出一审缺席判决,蒋尚勋不服,向高等审判厅控诉,1914年6月10日高等审判厅作出判决,驳回控诉。⑤

---

① 贵州高等审判厅民事决定高字第五〇号[民国三年(1914年)四月二日]。

② 贵州高等审判厅民事判决高字第二一四号[民国三年(1914年)五月六日]。

③ 贵州高等审判厅民事决定高字第二三四号[民国三年(1914年)六月三日]。

④ 贵州高等审判厅民事决定高字第二六七号[民国三年(1914年)五月二十七日]。

⑤ 贵州高等审判厅民事判决高字第二六〇号[民国三年(1914年)六月十日]。

贵州高等审判厅侵夺了大定县对邻县织金县一审上诉案件的管辖利益。1913年9月1日织金县就李世荣与李荣昌、周德隆、李远谟等的套当掯霸案作出一审判决,9月22日李世荣以屈断押卖等情控诉到贵州高等审判厅,因未填写原审判衙门判词、原判日期,被驳回。李世荣再次以织金知事判决没有判词为由,提起控诉而被高等审判厅受理。高等审判厅调查发现织金县并未作出一审判决,且要求李世荣等候复讯。高等审判厅决定,驳回控诉,指定平远州为一审机关。①

在民事案件的一审管辖上,贵州高等审判厅与贵阳地方审判厅、麻哈、绥阳、南笼、大定等县兼理司法的县知事存在一定竞争关系。

2. 管辖规定不明确,是发生管辖竞争的主要原因

贵州高等审判厅与贵阳地方审判厅、县知事的管辖竞争,除了收取讼费的利益驱使外,管辖规定不明确,也是重要原因之一。1912年5月19日司法部公布《民事诉讼律草案(关于管辖各节)》,第2条规定:"初级审判厅于左列案件,有第一审管辖权:第一,因金额或价额涉讼,其数在三百元以下者。第二,业主与租户因接受房屋或迁让、使用、修缮,或因业主留置租户之家具、物品涉讼者。第三,雇主与雇人因雇佣契约涉讼,其期限在一年以下者。第四,旅客与旅馆、酒饭馆主人、运送人、船舶所有人或船长,因寄放行李款项物品涉讼者。第五,旅客与旅馆、酒饭馆主人、运送人、船舶所有人或船长,因饭费、运送费涉讼者。第六,因占有权涉讼者。第七,因不动产经界涉讼者。"②以上7类案件,应以高等审判厅为第三审机关(终审机关)。此规定是否适用于未设初级审判厅的县,尚存疑问。

---

① 贵州高等审判厅民事决定高字第一三〇号[民国二年(1913年)十二月十九日]。

② 载《司法公报》1912年第1期,第5页。

《县知事兼理司法事务暂行条例》(1914年4月5日)第2条规定:"县知事审理案件,得设承审员助理之。但初级管辖案件,由承审员独自裁判者,不在此限。承审员审理案件,由承审员与县知事同负其责任。"此处的"初级管辖案件",是否可以基于历史解释、体系解释的方法,确定为是指《民事诉讼律草案(关于管辖各节)》第2条的初级审判厅第一审管辖案件呢?如果是,则贵州高审审判厅就是僭越了承审员、县知事的一审管辖权。

但是,贵州高等审判厅似乎有一定的法条依据。前清宣统元年七月初十日,法部奏定并施行的《各省城商埠各级审判厅筹办事宜》的"第四　管辖"一节规定:"凡未设审判厅之府厅州县递控到省之案,应向省城高等审判厅提起诉讼,由该厅按照前示法令关于管辖之规定,应以本厅为第二审者,判决之后,许其照章向大理院上告;应以本厅为终审者,判决时并宣告该案无上告大理院之权。"此条原意是防止省城其他衙门受理案件,僭越高等审判厅的管辖权。但贵州高等审判厅却把"未设审判厅之府厅州县递控到省之案"的事实性描述当做规范性描述,为自身受理案件提供合法性依据。

受到贵州高等审判厅管辖竞争的影响,贵阳地方审判厅与贵阳初级审判厅之间也存在着管辖竞争。《刑事诉讼律草案(关于管辖各节)》第2条规定:"初级审判厅于左列案件,有第一审管辖权:第一,三百元以下罚金之罪。第二,四等以下有期徒刑或拘役之案。第三,刑律第三百六十七条、第三百七十七条之窃盗罪及其赃物之罪。"第3条规定:"前条所列犯罪,因累犯或具发加重本刑者,仍属初级审判厅管辖。"[①]但是,1913年10月25日贵阳地方审判厅就池玉清迭次盗窃案件行使了管辖权,作出了一审判决。池玉清不服,控诉至贵州高等审判厅,高等审判厅开庭审理并驳回控诉,但未纠

① 载《司法公报》1912年第1期。

正此管辖错误。① 直到1914年5月15日,才裁撤贵阳初级审判厅、贵阳初级检察厅。② 贵阳地方审判厅受理属于贵阳初级审判厅的一审案件,意味着剥夺了当事人的得受三审之利益。

(三)覆判县知事第一审的刑事案件是贵州高等审判厅的工作重心

《辑要》收录了31份高等审判厅覆判县知事审拟的刑事案件的生效刑事判决书和刑事决定书,占全部收录的44份刑事判词的70%强。《覆审暂行简章》第3条规定"覆判用书面审理,但因职权亦得提审。"贵州高等审判厅覆判贵定县审拟宋汉堂等谋杀宋二生身死一案中,就依据该条提审,贵定县将原案卷宗及宋汉堂、马兰香二人解到高等审判厅,进行提审。③ 可见,覆判县知事的一审刑事判决,是贵州高等审判厅刑事审判工作的重点。覆判县知事的一审刑事判决,之所以成为贵州高等审判厅刑事审判工作的重点,究其原因有三:

第一,贵州的辛亥革命并未触碰、革除各县"君主司法"时代的习惯,原有的司法机构、人员基本未变。县知事审拟刑事案件,常见的错误有:(1)滥用职权。前署贵州平越州知事欧阳荣,滥用职权,逮捕人致死及明知虚伪,制作文书罪,原判依刑律第347条、第313条第1款、第240条,各科其刑,依第23条第1款应执行无期徒刑。前云南都督以该前平越州知事,对于民国立功甚著,其办理此案在戒严时期,情急势迫,心尚可谅,呈请赦免。1913年12月21日奉令

---

① 贵州高等审判厅刑事判决高字第二七八号[民国三年(1914年)五月十三日]。

② 《司法部三年份办事情形报告》,载《司法公报》第34期(第一次临时增刊),第19页。

③ 贵州高等审判厅刑事判决高字第一〇二号[民国三年(1914年)一月二十四日]。

被特赦,1914 年 1 月 9 日司法部行文至贵州高等检察厅。[①] 此特赦,在君主司法时代具有其正当性,类似于“八议”之“议功”的体现,但显然是有为民主司法时代的刑法平等适用原则。(2)命案并不及时检验尸体。贵州高等审判厅覆判贵定县审拟宋汉堂等谋杀宋二生身死一案中,就发现贵定县“于此案并未检验”,“尸已腐化,仅卤门骨及右肋骨两处伤痕宛然,余伤无从检验”。[②] (3)重刑化倾向明显。受清咸同以降,乱世用重典,已成习惯。(4)选择性受理刑事案件。比如,1912 年,安顺县商民金同章诉赤水县民罗平之勾匪劫烟,赤水县不理,金上控至都督,批饬解省讯办,赤水县并未奉行。[③]

第二,法律赋予了贵州高等审判厅对刑事诉讼的第二审管辖权。1912 年 5 月 19 日,法部公布《刑事诉讼律草案(管辖各节)》,其第 5 条规定“高等审判厅依《法院编制法》第二十七条第一款至第三款,有刑事诉讼第二审及终审管辖权。”[④]《法院编制法》规定:“高等审判厅有审判左列案件之权:一、不服地方审判厅第一审判决而控诉之案件。二、不服地方审判厅第二审判决而上告之案件。三、不服地方审判厅之决定或其命令,按照法令而抗告之案件。”[⑤] 1912 年 10 月 14 日司法部公布《覆判暂行简章》,其第 1 条规定:“未设法院府厅州县刑事案件,所有依旧律审结,照向章归大理院覆判者,及依新律审结处死刑、无期徒刑或一二等有期徒刑者,依八月

---

① 《司法部三年份办事情形报告》,载《司法公报》第 34 期(第一次临时增刊),第 173 页。

② 贵州高等审判厅刑事判决高字第一〇二号[民国三年(1914 年)一月二十四日]。

③ 贵州高等检察厅刑事决定高字第一八四号[民国二年(1913 年)十一月二十九日]。

④ 载《司法公报》1912 年第 1 期(法规),第 2 页。

⑤ 《中国刑事诉讼法典百年》,第 251 ~ 252 页。

初四日公报所载部文，改由各该省高等审判厅或分厅覆判。"[①]选择重罪案件作为高等审判厅监督县知事刑事司法的中心，既是君主司法时代恤刑思想的继续影响，更是民主司法时代保障人权的要求。

覆判是专属管辖，非一般级别管辖。尽管修文县的初级管辖案件的上诉机关是贵阳地方审判厅，但是修文县审拟的第一审刑事案件，并不报贵阳地方审判厅复审。1913年修文县审拟余树青行劫唐朝珍等一案，呈由高等检察厅转送高等审判厅覆判，1914年2月6日高等审判厅书面审理，作出第二审判决，[②]其依据应是《覆判暂行简章》。

第三，有利于保障当事人诉权。诉权是重要的基本人权类型之一。四级三审制就是一种充分保障当事人诉权的制度设计。1912年农历八月初四《通咨各省嗣后凡大理院覆判之案改归各省高等审判厅覆判文》认为，"《法院编制法》纯採四级三审主义，在审判厅成立之区，诉讼案件，人民得受三审之利益，未设厅地方，刑虽至死，除不认原判为正式审判外，仅经大理院一审而止，更无上诉机关，是主义有矛盾之嫌，而人民无保障之实，不有更正，曷期平允"。[③]

四、贵州高等检察厅的检察工作概况

贵州高等检察厅与高等审判厅实行审检合署制，但贵州高等检察厅对高等审判厅进行监督。

(一)向高等审判厅声请移转管辖权

安顺县商民金同章诉赤水县民罗平之勾匪劫烟，赤水县不理，金上控至都督，批饬解省讯办，赤水县并未奉行。罗反串托赤水县

---

① 载《司法公报》1912年第2期(法规)，第22～23页。

② 贵州高等审判厅刑事判决高字第二二一号[民国三年(1914年)二月六日]。

③ 载《司法公报》1912年第1期。

知事及县议会,向省内务司报告,要求内务司饬令安顺县以诬告罪讯办金同章。省行政公署将此案送高等审判厅,请求将金同章等提省讯办。高等审判厅认为该案未经一审判决,不能提审。且未经提起控诉之案件,须由高等检察厅核办。于是,高等审判厅将此案函送至高等检察厅。该厅检察官担心由赤水县一审,未免偏徇,故向高等检察厅提出申请,要求一审管辖权移转至他县。高等审判厅作出刑事决定,管辖权移转至遵义县。① 黔西县民孙守忠控诉该县门役马锡安等勒搕串告,该县知事不理,高等检察厅检察官申请移转管辖权于他县,高审厅于1913年5月12日作出决定,移转管辖权至织金县。② 尚世让诉黔西县差役张兴伙串抄掳、藐法遮天,高等检察厅检察官申请移转管辖权,高等审判厅于1914年6月29日作出决定,移转管辖权至清镇县。③

(二)要求高审厅定明裁判疑义

《刑事诉讼律草案》第511条规定:"刑事被告案件,受谕知刑罚、罚锾、追征、没入之谕知而有疑义者,得向该审判衙门声明疑义。"因刘良崧犯罪监禁,托令觅人具保开释,童云初、杨和清遂诳称,代其运动,诈欺得财。贵阳地方审判厅依律科罪不服,控诉至高等审判厅,1913年7月23日高等审判厅维持一审判决,依刑律第382条处以五等有期徒刑10月。童云初不服,上告至大理院,三审终审,仍维持原判,发还执行。高等检察厅要求高等审判厅定明童

---

① 贵州高等检察厅刑事决定高字第一八四号[民国二年(1913年)十一月二十九日]。

② 贵州高等检察厅刑事决定高字第三〇九号[民国三年(1914年)五月十二日]。

③ 贵州高等检察厅刑事决定高字第三三二号[民国三年(1914年)六月二十九日]。

云初应执行刑期。①

(三)到案发现场调查检验

高等审判厅提审、覆判贵定县审拟宋汉堂等谋杀宋二生身死一案中,提审犯罪嫌疑人宋汉堂、马兰香,二人供词各执,高等审判厅复请高等检察厅派警察赶往贵定调查,并传唤宋罗氏、宋兆妹、证人赵祖荫等,一并解案。由于贵定县侦办此案时,并未检验,高等审判厅再次请求高等检察厅委派检察官,会同贵定县前往开棺检验尸骨,被害人宋二生尸体已经腐化,但卤门骨、右肋骨两处伤痕宛然,可以口供印证。②

(四)莅执行检察职务

(1)覆判各县知事审拟的刑事案件中,各县会备录全案供词、勘验笔录报送高等检察厅,后转送至高等审判厅覆判。高等审判厅一般书面审理,并不开庭审理。但开庭覆判时,会通知高等检察厅派检察官莅庭,执行检察职务。例如,高等审判厅提审、覆判贵定县审拟宋汉堂等谋杀宋二生身死一案的庭审中,由高等检察厅检察官何玉昆莅庭,执行检察职务。③

(2)在开庭审理不服贵阳地方审判厅一审判决的刑事案件中,犯罪嫌疑人向高等检察厅提起控诉,由高等检察厅向高等审判厅提起公诉。1913年11月22日,贵阳地方审判厅,就宋伯勋纠众滋闹华丰首饰铺一案,作出一审判决,宋伯勋犯妨害安全罪,处以二等有

---

① 贵州高等检察厅刑事决定高字第二七号[民国三年(1914年)三月十三日]。

② 贵州高等审判厅刑事判决高字第一〇二号[民国三年(1914年)一月二十四日]。

③ 贵州高等审判厅刑事判决高字第一〇二号[民国三年(1914年)一月二十四日]。

期徒刑5年,并褫夺公权终身。宋不服控诉,高等检察厅“起诉过厅,(高等审判厅)当经片请派员莅视”,高等检察厅委派检察官蹇先昌莅庭,执行检察职务。1914年4月24日,高等审判厅依律改判,宋伯勋犯骚扰罪,处以5等有期徒刑10月,并褫夺公权3年。①高等审判厅在作出刑事决定时,一般会咨询检察官意见。②

(3)在高等审判厅审理一些重大影响的争产、分产案件和其他新的民事案件,高等检察厅的检察官会莅庭执行检察官职务。《辑录》所收录的36个民事案件中,有9个案件庭审中有高等检察厅的检察官莅庭执行检察官职务,占25%。其中,7个案件涉及家庭财产析分与继承,2个案件涉及离婚纠纷。1913年9月28日贵阳地方审判厅就徐三妹与胡仲方离婚诉讼作出一审判决,令胡仲方出具切结,将徐三妹接回,不得虐待。徐三妹应明白大义,毋许动致勃溪。胡仲方出具遵依甘结,但徐三妹母女不服,控诉至高等审判厅。高等审判厅聘请同级检察厅派员莅庭。高等检察厅检察官何玉崑莅庭,执行检察职务。何玉崑陈述意见,以徐三妹与胡仲方情义已绝,如强使之合,不独有妨家庭之秩序,亦且有碍社会之安宁,自系为保护公益起见。同年11月26日,高等审判厅判决,应准离婚。③该案中,检察官何玉崑充当了《法院编制法》第90条所谓的“公益代表人”。女方主动要求离婚,并获批准,在民国初年的贵阳不可不谓新鲜。

---

① 贵州高等审判厅刑事判决高字第二一五号[民国三年(1914年)四月二十四日]。

② 贵州高等审判厅刑事决定高字第一六八号[民国二年(1913年)十一月二十七日]。

③ 贵州高等审判厅民事判决高字第一三九号[民国二年(1913年)十一月二十六日]。

五、结论与反思:从君主司法向民主司法过渡

清末民初,贵州筹设各级审检厅主要遵循中央政府司法改革的顶层设计,贵州地方的经济社会发展状况并未内生出对新式司法的需求。1913年4月,吴绪华到任贵州高等审判厅厅长,曾撰一联"莫寻忧,莫负气,莫听教唆,到此地费心、费力、费钱,就胜了终害己;要酌理,要衡情,要度时势,作这官不清、不勤、不慎,易造孽难欺天"。① 该联语概括了中国传统司法经验,上联要求百姓息讼,下联要求法官慎狱。这幅对联挂贵州高等审判厅大门口,似乎并未体现新式法院之新气象。1914年7月吴绪华在辑录该判词集时,却强调"法理"与"人权"二端,代表了西方司法新理念。二者存在着巨大的反差,何以解释?

新式法院就一定比传统纠纷解决机制更有效吗?贵州高等审判厅刑庭覆判贞丰县审拟宋长安、宋发有共殴伤毙宋二发案件的判词中,审判长林名正、推事董正、赵希岳合作写道:"该犯(宋长安)为杨宋氏之弟,该氏与夫(宋二发)不睦,家庭琐事,法所难及,戚好亦不宜过问,然该犯前往干涉,犹得曰姊弟之情也。彼陈金海,特宋氏前夫之弟耳,有何关系,而亦随同争执。且前曾凭团理剖矣,此次又拉往城中理论,岂乡团不能劝息者,城中独能为之乎?"②在贵州高等审判厅民庭法官的眼里,对于家事纠纷,城里的审判厅,并不比乡团更能有效解决。那么,贵州高等审判厅裁判的案件主要是哪些类型呢?其案件事实与诉求反映出怎样的社会特点和需求呢?

(一)民初贵州的家族本位、农本与零星的城镇商业化

《辑要》所收录的36个民事案件中,有15个案件的主要涉及家

---

① 何静梧:《贵州历史研究》,贵州人民出版社1996年版,第107页。

② 贵州高等审判厅民事判决高字第一八一号[民国二年(1913年)十一月二十七日]。

产(绝业)分割、立嗣、继承和离婚,纯属家事纠纷,占41.7%。有8个案件涉及都匀、贵筑、贵阳、织金、清镇、遵义等县的卖、当田业纠纷,占22.2%。有13个案件涉及贵阳、遵义、清镇、修文、盘县的商号、银号、借贷、工程、合会、公共事业等钱债纠纷,占36.1%。3种类型的案件,表明民国初年贵州社会的基本特点:一是贵州依然是一个家族本位的社会。家族依然贵州社会最为普遍、根本的组织形式,血缘纽带依然顽强地连接各个个体。自然人个体依然缺乏充分的主体性,家庭、家族依然最为重要的社会主体。1913年贵阳的一起离婚案件中,贵阳地方审判厅一审判决,女方不服,上诉至贵州高等审判厅。二审判决书中,控诉人列明两人,第一控诉人是女方的母亲,第二控诉人是女方本人(23岁);被控诉人也列明两人,第一被控诉人是男方父亲,第二被控诉人是男方本人(27岁)。① 已经成年的儿子和女子,依然还从属其父母,不能成为独立主体。婚姻不被认为是男女双方个体的契约,而是双方家庭的契约。二是贵州依然是一个农本社会。田土依然是最为重要的生产资料,农业依然是最普遍、最重要的产业和活计,田土纷争比较普遍。三是贵州的城镇商业社会在局部地、渐进地发展。贵州省内大致存在以贵阳省城为中心、辐射清镇、修文的城镇商业社会圈,以遵义府城为中心的商业社会圈和以盘县为中心的城镇商业社会圈,代表三种类型和层次的城镇商业社会。银号、合会是贵州最为普遍的金融组织形式。

《辑录》所载的44个刑事案件中,有命案23件,占52.3%。这23个命案中,有2起是因夫妻不和,有3起是因兄弟不睦或争产,有2起是因争继(立嗣)争产,有2起是父子(含养子)之间的夺命案,有2起是因抢婚、夺妻引发的,有3起是因强奸、通奸、和奸诱发的,

---

① 贵州高等审判厅民事判决高字第一三九号[民国二年(1913年)十一月二十六日]。

有2起是因抢劫引起的，有1起因敲诈磕索引起的，有3起因讨债(包括赌债)诱发的，有2起是因争水、争斗引起的，有1起是因复仇。前面6类命案共计14件，占60.9%，可见命案多发生在家庭、家族内部，且后面的9个命案也发生在乡村熟人社会里。

省情如是，内生不出对以保障人权为宗旨的新型司法的需求，给人以"新瓶装旧酒"之嫌。清末民初的司法改革是否有超前之嫌呢?

(二)民初贵州地方政府政治权威弱、君主司法历史包袱重

民初贵州司法改革，除了人才与经费短缺这些全国普遍的问题外，还有两大制约因素：一是地方政府政治权威弱，受制于势力强大的驻军和秘密社会组织。辛亥革命后，君主权威轰然倒塌，地方政府的权威来源丧失了，需要重建在民主之上。在这个过渡时期，不同形式的暴力组织争相树立自己的在特定时空的权威，削弱革命政府的权威；二是君主司法历史包袱重，陋习、恶习积重难返。君主司法的"旧瓶"虽有缺口，但民主司法的"新瓶"仍难铸就。

《辑录》所载的44个刑事案件中，有3起是略诱、和诱(即拐卖人口)案件，有6起是抢劫案件，有3起是磕索(敲诈勒索)案件，有2起是县差借案勒索案件，有3起案件涉及"公口"(即"哥老会")，有2起案件涉及当事人向当地驻军诬告，希图军营干预。刑事案件的以上特点表明：

第一，民初贵州"公口"林立，像"哥老会"秘密或黑社会组织势力强大，既削弱了地方政府的权威，又影响了新式司法权威的树立。清末，贵州"公口"林立，几乎遍及各县，参加"公口"的，不仅有广大农民、失业手工业者、士兵，还有地方士绅和知识分子，后一部分人往往是各地"公口"的领袖。张百麟的自治学社为反动革命，寻求下层社会的支持，曾发展过部分"公口"首领人物入社。贵州辛亥革命中，约有二千余人的会党群众，武装待命，集中在贵阳附近。因此，

"哥老会"是一支重要的武装力量。① "哥老会"具有特定时空条件下的合法性、正当性。反正后,大部分会党武装组织被组建成五路巡防军,一部分会党群众要资遣回乡。"公口"只能充当革命的手段,任何政府都不能成让"公口"永远存续下去。由于革命派提倡"公口","上自都督,下至微职以及军队大小职官,无一非公口中人"。除五路巡防总统黄泽霖自任龙头大爷外,连贵州军政府副都督赵德全也担任了"公口"职事(承堂),以至"省内外公口凡数百处,汉刘势力,侈然伸张,一泻千里,有不可复遏之势矣。"省城贵阳公然出现了"汉刘研究所","开堂授课,讲习汉刘源委"。一批社会渣滓,"明目张胆占据民房衙署,以立公口。仪式陈设,比于官厅。而头戴英雄结,鬓插杨梅花,腰围战裙,足穿麻儿草鞋之辈,招摇过市,有如戏场。"在省城以外各地,各公口间为争夺地盘,械斗时有发生,革命派已无力控制社会秩序。② 贵州军政府的许多革命派官员把革命政府等同于黑社会,也给宪政派以口实。1911 年 12 月 20 日,枢密员戴戡以贵州枢密院名义向蔡鄂发电,称贵州"'公口'横行",要求滇军乘北伐之机"代定黔乱"。③ 1912 年 2 月 20 日,黄泽霖被反动政变的刘显世、郭重光等派兵杀害,并被宪政派指责为"侵越权限",成为贵州的"第二都督"。④ 黄泽霖死后,枢密院院长张百麟,贵阳陷入了无政府状态。

利用"公口",勒索钱财。充任前清独山县川硐团勇的陆双有,反正后,潜至都匀县境内,冒充"公口",散放飘布。1912 年 2 月,至陆毛三家,散给勇巴,每张取价 5 钱,诳以"接收后,无人敢欺"等言。

---

① 冯祖贻、顾大全:《贵州辛亥革命》,贵州人民出版社 1981 年版,第 92 ~ 94 页。

② 冯祖贻、顾大全:《贵州辛亥革命》,贵州人民出版社 1981 年版,第 134 ~ 135 页。

③ 冯祖贻、顾大全:《贵州辛亥革命》,贵州人民出版社 1981 年版,第 157 页。

④ 冯祖贻、顾大全:《贵州辛亥革命》,贵州人民出版社 1981 年版,第 148 ~ 149 页。

迨陆毛三受惑承领,乃变言要银伍两,适值"公口"取销,陆毛三不肯给银,陆双有挟忿而去。① 此案中,"公口"就演变成一个黑社会组织,被利用为勒索敛财的工具。

利用"公口",恃强凌弱。清末,贵定县的龙景保就入"公口",与宋二生孀嫂宋罗氏通奸,复娶宋二生解聘之被人拐逃的未婚妻,结成仇敌。1912年3月,龙景保等8人查获被拐妇女,由宋二生代笔,其夫出立限字,后获谢银2两7钱,八股均分,不给宋二生分文。时值二次改革之初,外属"公口"尚未取消,龙景保等均入公口,极有威势。宋二生索要应得份额,被龙景保等殴打至重伤,宋二生骂龙景保等,大开"公口",俟伤愈当往报官,重治此罪。宋二生复被龙景保等杀害。②

利用"公口",仗势抢劫,非法拘禁。四川涪州人张老七,无业游民,常住施秉县,向入逸犯田炳南"公口",充当大老么,婺川县人田老方、湖南龙山县人向保臣,均为无业游民,常住施秉县,亦系田炳南同党。1912年10月12日,张老七与田炳南、张廷贵、周巴子等十数人,抢劫独户居住之张八字家,得赃分用。冬月初间,又与田炳南、张廷贵、向虎臣、沈登高在途拦劫李双合衣物、银两,复将其挪至他处吊揿,得银20两分用。③

第二,民初贵州司法,受到前清就地正法惯例的影响,受到驻军不当干预。1913年4月,吴绪华"长黔高审厅,时尤戒严"。1912年9月12日,贵州司法司向司法部报告,称"嗣后遇有游土各匪,应处死刑者,拟先行就地惩办,请核示"。司法部回复:"凡在戒严地及其

---

① 贵州高等审判厅刑事判决高字第五五号[民国二年(1913年)五月十七日]。

② 贵州高等审判厅刑事判决高字第一〇二号[民国二年(1913年)五月十七日]。

③ 贵州高等审判厅刑事判决高字第二二二号[民国三年(1914年)一月十五日]。

时期内,扰害治安之重罪犯,无论直接、间接为害于国家,皆可谓之为匪,自应以军法从事,即归军营办理;其平时之盗犯,即依据《暂行新刑律》,专由审判衙门办理。前清就地正法一种,在民国时代,断不容藉军法从事一言,规复旧制。"[①]1912年7月,思县杨四、杨五兄弟因口角争殴,杨五邀请团甲理剖,杨四不予理会,即往驻扎邛水步兵第一营沈营长处,捏报杨五为著名巨匪,沈营长即令饬镇远属瓦寨团首杨荣昌率丁查拿杨四。[②] 锦屏县王文荣与王明泉因缠讼成仇。1914年2月,湘黔境界,洪匪猖獗。王文荣于该月初八起意,以通匪大题陷害明泉。12日,由文荣嘱令杨胜沂、杨秀桂、杨秀钧、王明河、王明仁5人,赴驻三江王寨陈管带军营,具报其事。文荣与胜沂,邀集姚本年、杨秀桂、王文桃、老王等,于是15日清晨,将明泉用绳捆缚两手,并打伤8处,文荣等复鸣锣,声喊明泉为匪,须每户出人1名,解送军营究治。[③] 贵州民人也利用了驻军干预诉讼、擅权就地正法的习惯,借以陷害、打击对手。但是,地方团款、团甲组织,虽由前清地方团练组织演化而来,却起到弥补检察官、警察不足的作用,常常帮助搜查、缉拿罪犯,收集证据的作用。

第三,民初贵州各县的差役借案勒揢较为普遍,延续前清惯例。贵州反正后,各县差役多被留用。门役、房书等差役易于舞弊,自属实情。官法则远,差法甚蛮。起诉人、被诉人常常被差役私行卡押,非惟不得见官,且状词亦难递上。1914年,黔西县民孙守忠诉该县门役马锡安等,借案勒揢,得银至七十余两之多,并有收领及信函为凭。[④] 同年,黔西县尚世让诉该县差役张兴伙串抄掳、藐法欺天,张

---

① 载《司法公报》1912年第2期。

② 贵州高等审判厅刑事判决高字第六五号[民国二年(1913年七月十九日]。

③ 贵州高等审判厅刑事判决高字第三二一号[民国三年(1914年)六月一日]。

④ 贵州高等审判厅刑事决定高字第三〇九号[民国三年(1914年)五月十二日]。

兴为该县各役老师。①

第四,民初贵州县知事兼理司法,“具报各案,率多狃于习惯,非自牵混其事,即故抑扬其词,一再驳饬,腕为之脱,详加解释,唇苦其焦。”②何谓“牵混其事”,试举二例。清镇县王松林与戴锡铭就田业涉讼,1912年9月23日汪知事第一次审讯,因代笔邓子贞未到案,没有堂判。后任罗知事赓续审讯,未结,移交后任丁知事,丁知事于1913年10月24日集讯,判令“仍遵汪前县所判”,一方备银赎田了案。不服控诉至贵州高审厅。此案,并未经汪知事判决,属于“未经判决之案”,被发还重审。③ 二是判决模棱两可。都匀县龙光照与罗索氏互争田业涉讼,1913年6月14日,都匀县知事判令两造,或由龙光照出银五十两与罗维经赎田,或由罗维经出银50两与龙光照,取回老契作为断买。④ 何谓“抑扬其词”,指的是双方供词不录取附卷;堂谕既不详叙事实之何如,又难推定判断理由之安在;草率定案。⑤

民初的贵州司法改革启示:一是从君主司法时代迈向民主司法时代的过程是长期的、曲折的,不可能一蹴而就;二是司法顶层设计是必要的,但要兼顾地方经济社会发展的不均衡性,一定要找准和适应地方经济社会发展的新需求。

程泽时

2017年10月31日

---

① 贵州高等审判厅刑事决定高字第三三二号[民国三年(1914年)六月二十九日]。

② 吴绪华辑:《贵州高等审判厅判词辑要》(序)1914年7月自刊。

③ 贵州高等审判厅民事决定高字第一六〇号[民国三年(1914年)二月二十六日]。

④ 贵州高等审判厅民事判决高字第五〇号[民国三年(1914年)四月二日]。

⑤ 贵州高等审判厅民事决定高字第二三四号[民国三年(1914年)六月三日]。

目　　录

民事决定

刑事判决

刑事决定

附录:

例　言

一是辑之刊，自绪华到任以来，凡有兼理司法权之各县知事，暨法政学校诸生之留心司法者，多以民刑判词相质问，用是辑要刊行，聊代口舌。

一是辑专就本庭民刑判词，择要登录，其于法理、人权关系较轻者，概从缺略。

一是辑依受理先后次序，至判决先后，间有不同，则因传证、调卷有难易迟速之异。

一是辑均系判决确定之件，其未发生效力者，概未收入。

一是辑因划一体例，对于各县之名称、判词之程式，概从今制。故虽字句间，略有修正，而于原判决要旨，绝无出入。

一每判词署名之承审官，有行独任制者，有注明主任者，均系遵照部令办理，其未奉令以前之主任推事，率皆署名于审判长之次。

一各县呈送覆判之案，原判百无一当，且书面审理裁决较难，其采录多于控诉案者，藉供各县之取，则可以观人民之情伪矣。

一本庭文版最繁，限於篇幅，不及备载，惟关于员额之分配、经费之开支，亦列表附登，非必表简陋艰辛之陈迹，盖纪实也。

一是辑编纂校雠，为时甚促，缮印讹误，容或不免，阅者谅之。

叙

西谚有曰:吾人生活于法律,动作于法律,是必有法律,而人类生活动作,乃有依据,亦必人类具此知识,而纳诸法律范围中,乃无凿枘之虞。民国肇兴,法律未备,绪华不敏,二年四月长黔高审厅,时犹戒严,人心不靖,从厥攸好,违上所命,而县知事具报各案,率多狃于习惯,非自牵混其事,即故抑扬其词,一再驳饬,腕为之脱,详加解释,唇苦其焦。至经济困难,黔素甲于各省。部核预算,支不及半,即此半数,亦复竭力撙节,各年度终均有节存,以解国库。向惟念款项支绌,今适符减政主义,可见人之欲善,谁不如我?而犹有谓后难为继者,何也?若庭员事繁责重,俸给独薄,有法官之资格者,高自位置,辄思择肥而噬,而在事各员,尚能节衣缩食,相助为理者,无非关怀桑梓,重以感情,用克洁己奉公,不致见异思迁。迄今追维往事,年余以来,历试诸艰,渐皆就绪,而近验诸已,远鉴诸人,尚无内省之疚,指摘之加,私衷自幸,诚非始原所及。惟究心法学诸君,时以判例辨难,虽为之比事,属辞犹多,言不尽意,爰检阅旧案,有平反而得实者,有触类而引伸者。前事不忘,差堪隅反。就中节取若干篇,付诸手民,非敢自矜一得,亦聊以志鸿爪,而资考镜云。

中华民国三年七月

贵阳吴绪华

民 事 判 决

1. 贵州高等审判厅民事判决高字第三号判决

控诉人：宋庞氏，贵阳县人，年三十六岁，住忠烈宫，银匠铺生理。

被控诉人：宋张氏，贵阳县人，年四十五岁，住忠烈宫，银匠铺生理。

右控诉人对于中华民国元年十二月二十七日贵阳地方审判厅，就该控诉人与被控诉人因家产纠葛案件所为第一审之判决，声明控诉，经本厅审理判决如左：

主文：原判撤销，宋庞氏与宋张氏既不愿同居，判令将产业邀凭亲族，作两股均分，以断葛藤。宋张氏无子，准其于亲支内，择贤立嗣，以续宗祧。讼费纸币二十七元八角，饬宋庞氏、宋张氏分担。

事实：宋庞氏系已故宋国勋继室，宋张氏系已故宋国正正妻，国勋与国正为堂弟兄。国正之父连源，开设宋华丰首饰店，前清同治年初，连源长兄连芳病故，国勋自贼中逃归，连源抚若己出，命与亲子。国正同习银匠数年，家号小康，旋为国勋娶妻周氏，生子昌平，为国正娶妻张氏，生子培森，兄弟同居，颇相友爱。光绪二十三年，国正疾泣告乃父，愿将家业平分长兄国勋，其父允之，为书遗嘱，载之家谱。洎连源父子相继逝世，国勋遂独秉家政，不数年而国勋之妻周氏及子昌平均故，仅遗孙女腊妹。国勋乃娶再醮妇庞氏，生女小七、子小八，未几国正子培森亦故，于是宋氏之亲属所存者，惟庞氏、张氏及女小七、子小八、孙女腊妹而已。上年九月，黔省反正伊始，市面不靖，庞氏、张氏相与协议，于阴历十一月，雇嫡堂夫弟宋伯馨来铺经理,议定年终薪金银七十两,并许以生意若旺,酌分红息。伯馨遂常川住宋华丰铺,惟与庞氏相处,嫂叔之间,瓜李嫌疑,鲜知避忌。本年阴历八月十三夜,伯馨适因事故上庞氏所居之楼,张氏疑其有奸,蹑足往窥,语涉讥讽。庞氏气忿,奔取厨刀自刭。该铺生徒闻知,前往救护,幸伤未重,医治平复,当经族人宋兴泉等理论,宋伯馨交出账目,由宋张氏给予工资,令其出铺。庞氏、张氏仍敦合好,同理家业,俟庞氏子小八成年,以一子兼祧两房,庞氏不允,宋伯馨亦未交账,控经贵阳地方审判厅传讯。据宋张氏供,庞氏不安于室,其子小八系两支后裔,请将小八扣留,任庞氏改嫁。宋庞氏供,实无与伯馨奸通之事,缘张氏多以金钱周恤女婿,被其知觉。因以奸案相诬等语。复饬族长宋兴泉等清查宋华丰财产,据称现有金银首饰,约值千五百余金。宋张氏呈出底账,尚存赤金十两零八钱四分四厘,银首饰五百八十两零,外债应收银五百一十九两零,与宋兴泉所供相符。遂判宋张氏补给宋伯馨工银五十四两,令其出铺。该铺生理,仍暂归宋张氏经管,所存金银首饰账项,开单存案,饬族人举定小八后见人,每届三节,诣铺查账,俟宋小八成年,即解除查账之权,付与亲管,宋张氏不得把持。宋庞氏仍应与宋张氏同处,抚育孤儿。如必不愿同居,即入尚节堂。按月责令张氏供银五两。宋庞氏不服,控诉经本厅,讯悉前情,查该两造供词,均与地方审判厅原审相同。

理由:据控诉人意旨,以该氏有子,而张氏无嗣,何得应管家业?原判既云保护财产,举定后见人,自当交与后见人管理;张氏与该氏孀居,系属一体,即应令二比,皆入尚节堂。每月各给数金,方为平允,何以财产独归张氏?据此以为控诉理由。查宋姓家业,既经连源书有遗嘱,国正与国勋平分,则宋张氏、宋庞氏对于此项财产,系共有权。况宋庞氏有子尚在髫龄,正赖随时抚育,地方厅原判未尽允协。惟经本厅再三劝谕,宋庞氏仍与宋张氏同居,共理家业,而庞氏因张氏嫌怨日深,坚持不允。并据供称,若张氏果有保存兼祧之心,何至不能相容?质之张氏,亦称愿另行立嗣。查宋庞氏之子小八,兼祧两房在先,并无成议。今两造既因嫌涉讼,势难相强;至庞氏谓张氏透漏家业,周恤女婿,张氏谓庞氏奸通伯馨,均属毫无实据,应无庸议。据上理由,故判决如主文。

本案经高等检察厅检察官何玉昆莅庭,执行检察职务。

中华民国二年六月四日

本厅民庭

审判长推事:陈正猷(印)

推　　事:何光祖(印)

推　　事:杨　焜(印)

书 记 官:李承泽(印)

2. 贵州高等审判厅民事判决高字第二五号判决

控诉人:杨熊氏,年六十岁,住贵阳县湾弓街。

杨国兴,年二十三岁,住贵阳县湾弓街,教读。

被控诉人:杨开泰,年五十八岁,住贵阳县府前街,闲居。

右控诉人对于中华民国二年二月三十日贵阳地方审判厅,就该控诉人控杨开泰因家产涉讼案件所为第一审之判决,声明控诉,经本厅审理,判决如左:

主文:原判尚无错误,饬双方仍遵照原判完案,不得再有滋闹。如杨开泰念在一本之爱,不忍坐视杨熊氏、杨国兴贫困,义送银两与否,听其自便,讼费纸币贰元壹角,归杨国兴缴纳,原卷发还地方审判厅归档。

事实:杨熊氏之夫祖杨涵曦,生子二,长曰杨锟,即杨开泰之父;次曰杨铨,即杨国兴之祖。杨国兴,即杨熊氏之子。杨涵曦去世,家无余资,仅遗藩署库房房书一缺,原去顶债银五十两。杨锟、杨铨分居时,由杨锟给银五十两与杨铨,房书缺遂专属杨锟。杨锟没后,其子开泰承父业,颇有蓄积。时杨铨之子开云,家计艰难,向杨开泰借银三百两,贸易为业。旋因折本,后向开泰借贷不遂,遂以祖遗房书缺未分为词,于前清光绪二十二年具控贵筑县,经县断,杨开泰每年补助开云之子国兴学费银十二两,自九岁至十六岁为止,共计九十六两,俟国兴成年后房书一缺,即归国兴承顶。开云以银不敷用,不肯具结。亲族、街邻乃代为和解,再劝杨开泰出银一百零四两,合贵筑县所断,共二百两,立有永断葛籐字据。开云收银后,不久亦即病故。后整十余年,均无异言。突至上年,杨熊氏及子国兴,以藐断欺孤等情,控经地方厅判决,以国兴为无理妄争,不准干预开泰财产。杨熊氏不服,声明控诉。经本厅集讯,据杨国兴供,伯祖父与祖父向未分家,曾祖遗下产业不下四万金。民父开云在日,开泰屡有分家之议,民父因父辈向属和睦,力劝不分。因此,两情不洽,民父乃向开泰借银三百两,厥后更互控于贵筑县案下,俱未确定判决。据杨开泰呈出分关及永断葛籐字据载明,祖人并无遗业,仅藩署库房房书一缺,杨铨不愿入署办公,由民父给与杨铨五十金,以后此缺专归长房子孙承继。杨铨没后,其子开云曾向民借银三百两,后见民同胞弟兄分家,开云遂控民于贵筑县,断令此后房书缺归二房,并经亲族理剖,共给开云银二百两,以清纠葛。永断葛籐字据上,有凭中人及代笔人可质,质之代笔人王伯英供,三元宫永断葛籐字据,是杨姓弟兄及当日中人请民写的,在地方厅曾出有切结,并无虚伪;质之中证人杨映蓁、任茂森等七人,同供杨涵曦在日,实无财产。分家时,亦只房书一缺。开云见开泰家计稍裕,屡向借贷,初借银三百两,继复控于贵筑县,断令开泰帮助开云之子国兴学费银,每年十二两,计八年,凡九十六两,开云不允。经民等了息,劝开泰再出银一百零四两,免再纠缠,立永断葛籐字据,时民等均在场。本厅查核两造及中证人供词,与地方厅原书相同,再饬杨国兴调查杨开泰一切田房,开单呈阅,并饬杨开泰照单,将契缴出,经本厅逐一查核,均系杨开泰自置。复诘杨国兴,家产未分,再有何据?伊称,分关系同治五年十月所立,祖父铨系同治五年二月弃世,有神主可评,岂有人死在先,分家在后之理?饬令将神主呈验,年号上丙寅二字墨迹、字迹,均不相符,实系有意欺朦。案经证明,应即判决。

理由:据控诉人称,杨涵曦所遗约有四万金,财产为杨开泰一手把持,果如所言,则数目亦不为少,杨锟在时已拥厚资,何以杨铨独甘淡泊,默不一言?杨铨没后,开云家道既中落,与其迭向开泰借银,何如早向开泰析产?借款不过三百金,析产则可得二万金,孰得孰失,开云岂不知之?顾由谓遵祖人遗训,力劝不分,将谁欺乎?厥后,因借贷不遂,互控经贵筑县审理,如果家产未分,又岂区区二百金所能了事?且查验开泰所呈契据,均系光绪年间杨开泰名义所置,不但无杨涵曦之名,即杨铨亦未置一产业;国兴又谓,祖人既无遗业,则分无可分,何必又立分关?不知房书一缺,既系祖遗,则此缺属何人,亦应分断,以杜争议。至谓分关为伪造,则必指出实据,方为不诬,乃国兴提出之证据,仅一神主,当庭呈阅,年号确系涂改。如未涂改,则分关立于杨铨没后,当然无效,所有家业不但应与国兴均分,且将治开泰以伪造罪。乃作伪者不在开泰,反在国兴,国兴其何以自解?若谓永断葛籐字据为伪造,则字据上证人众口一词,佥谓确有其事,国兴以为证人中可信者,莫如邓福初、李培初、徐树堂,然邓福初已呈具证言来厅,称杨氏弟兄,因家事滋闹,在三元宫了息,福初亦实在座等语。至李培初、徐树堂二名,屡饬国兴赶集,均不肯为国兴到庭。查是日,到庭证人,除邓福初以书面为证言外,已有杨映蓁、丁兆卿、贺善之、高希文、任茂森等,五人供词既同,焉有虚伪?总之,分关与三元宫字据,既证明,实非伪造,则开泰财产与国兴绝无关系,何能再发生分析问题?地方厅原判并无不合,应将本件控诉驳回,讼费照章收银二元一角,饬败诉人缴纳。据上理由,故判决如主文。

中华民国二年六月二十日

本厅民庭

审判长推事:陈正伏(印)

推　　事:杨　焜(印)

推　　事:何光祖(印)

书 记 官:李承泽(印)

3. 贵州高等审判厅民事判决高字第五〇号判决

上诉人:龙光照,都匀县人,年三十岁,住沙寨,务农。

被上诉人:罗索氏,都匀县人,未到案。

罗维经,罗索氏子,病故。

罗维纶,罗索氏子,年三十四岁,住摆抗,务农。

右上诉人对于中华民国二年六月十四日都匀县就互争田业案件所为第一审之判决,声明上诉,经本厅审理判决如左:

主文:原判撤销。

本案系争田业,龙光照不能赎取,仍归罗索氏母子照旧管业,龙光照呈验田契,涂销附卷。罗维纶呈验田契、执照各一纸,发还具领。田契并饬照章投税。

讼费银圆八圆八角,归龙光照负担

事实:前清嘉庆三年五月,罗索氏之曾祖罗加才,得买龙永泰田业一坋,大小四丘,坐落董不,即董卜,上抵高岩,下抵王宅田,左抵河,右抵高垦,共去买价一百一十两,契明价足,罗姓纳粮安佃,至罗索氏,已相继耕管百余年。至民国二年,龙永泰之孙龙光照声称,此项田业,系同治年间,由其伯父龙正和龙元明,先后出当与罗索氏之翁罗光廷,得银共计四十五两,并呈验龙永泰嘉庆十一年买契为凭,向罗索氏及其罗维经借银赎田,罗维经拒不承认,龙光照遂以久当生奸造契霸业等情,控经都匀县审理,判令两造或由龙光照出银五十两与罗维经赎田,或由罗维经出银五十两与龙光照,取回老契作为断买,两造不服,先后上诉来厅。旋因罗维经因病身故,延至二年十二月十七日,罗维经之弟维纶与龙光照始行到案对质,讯据罗维纶供称,民祖业每年约共纳粮二石二斗余,前遭咸同年间苗匪之乱,业契大半遗失,乱平后民家所有平浪田业,曾经前清藩司善后局委员清理,于同治十三年五月发给执照,与民祖罗光廷收执。至龙光照所争之田,除董江田一丘民凭执照管业外,其余龙光照捏称之四丘,实系民家嘉庆三年得买董卜田业。此业老契,民兄维经曾于发给执照后检获,已呈都匀县案内。龙光照所呈印契,田名不合,又无四至。都匀亦只有罗光廷、罗维经粮名,并无龙永泰、龙光照粮名,求详查。质之龙光照,供词支吾,但称有伊伯父龙正和龙元明粮票可质。本厅不厌求详,当经行文都匀县,调验粮册,并饬明白呈复。去后旋据都匀县呈复内称,查册载罗维经粮四斗九升,并无龙永泰、龙光照粮名。其有龙元明粮系五升七合,龙正和粮系四升三合七勺,载在册内,属实。惟当日在县庭讯时,龙光照并未言明此二种粮系伊上纳,计呈粮册一本,等情前来,复经集讯,得悉前情。

理由:查一业无两契之理,本案两造呈验均系买契,孰真孰伪应以该业是否买断为先决问题,该业是否买断又应以历年是谁纳粮管业为先决问题。查民间当田惯例,均由原业主纳粮,或有由当主代为纳粮,每年须酌帮当主粮银,惯例通行,乡愚皆晓。龙姓无论如何愚昧,决不至当田后肯当粮。罗姓即代为纳粮,亦决不至舍弃龙姓名义。详阅都匀县粮册,罗光廷、罗维经具有粮名,龙永泰、龙光照无之,已足证明此田为罗姓买断之业。况前清同治十三年,罗光廷领有执照,传至罗维经,相续耕管,世历三代,时逾四十年,此田为罗姓真正所有权,更无疑义。至龙光照呈验买契,虽系红契,而田名既多歧异,四至亦未载明,迭经诘问来由,亦未据龙光照说明四至,其为造契朦税,自可概见。纵有龙正和、龙元明粮票,亦系别属他田,何能藉图搪塞?都匀县不加查考,竟以龙姓朦税之契为真,断令龙光照出银五十两与罗维经赎田,或由罗维经出银五十两与龙光照取回老契，讯断模棱，实属错误。本厅特撤销原判，另为判决。查罗姓所有董卜田，历经纳粮耕管多年，应仍断归罗索氏母子，赓续管业。所执白契，饬即回县赴税契局投税，以符定章。龙光照伪契朦税，应移刑庭处断。惟讯明为其先世留遗，非造自龙光照之手。既经涂销，从宽免予深究。又据罗维纶供称，龙光照屡次逾限，延不到庭，致令维纶留省候案，多花旅费，损害应饬赔偿等语。查罗维纶初亦申明故障，龙光照亦不无候案旅费之损害，相提并论，自可抵销，均应无庸置议。爰据以上理由，判决如主文。

本案诉讼物价额，其数在三百圆以下，照章应以本厅为终审，合并宣告。

中华民国三年四月二日

本厅民庭

审判长推事：徐承恩（印）

推　　事：何光祖（印）

推　　事：花　相（印）

书 记 官：陈　燊（印）

4. 贵州高等审判厅民事判决高字第五六号判决

控诉人：邵质卿，贵筑人，年三十二岁，闲居，住省城金井街。

参加控诉人：邵胡氏，贵筑人，年七十二岁，孀居，住省城金井街。

被控诉人：邵梁氏，贵筑人，年二十四岁，孀居，住省城陈家坝。

右控诉人及参加控诉人，对于中华民国二年四月十八日贵阳地方审判厅，就该控诉人与被控诉人因析居争产一案所为第一审之判决，声明控诉，经本厅审理，判决如左：

主文：原判邵质卿，仍准邵梁氏回家，随同度日之部分撤销；邵梁氏勉入尚节堂，俾全节义，每年由邵质卿供给花谷一十四石、白米一石七斗；未入尚节堂以前，着邵质卿租房给与居住，按月改送白米一斗五升、零用钱一千文，又油、盐、煤、炭各项，合钱一千文，送给梁氏自行购买，免生纠葛。讼费纸币四元一角，归邵质卿担负。

事实：邵梁氏，系邵质卿之兄嫂，已故邵炳臣之后妻。邵胡氏，系邵质卿、邵炳臣之母，梁氏之姑。炳臣在日，于前清光绪三十二年丧偶，遗子女各一，续娶梁氏为妇，过门数年，尚属相安无事。因宣统元年春间，梁氏突与帮工口角，其夫炳臣责以大义，梁氏不服，赴区鸣冤，经区官讯明饬回，嗣复潜投娘家，当日亦即着人送归。梁氏犹弗改悔，又乘夜外至南门外如意庵藏匿，旋被寻获，其夫炳臣往令回家，梁氏执拗不从。炳臣以梁氏肆行泼蛋，既不安于室，且平素又未能得舅姑欢娱、儿女爱戴，遂经凭亲族，佃房使其另居，以免在家滋闹。民国元年十一月，炳臣因病身故，营葬未毕，梁氏上门，向邵质卿闹分家产不获，投区理论，仍令梁氏在外住居，由邵质卿每月供给米一斗二升、煤一挑、油盐各一斤、零用钱一千文，梁氏旋以每月使用不敷，复向质卿索加未允，遂赴地方审判厅，以纵妻唆母等情，诉邵质卿在案，当经传讯，判令邵质卿劝其母胡氏，准梁氏回家随同度日，胡氏以梁氏素行泼蛮，不受约束，本已年老力衰，难以教诲，与其同居，多生气忿，何若仍令分住，稍得安闲。梁氏既愿守节，可入尚节堂，仍然供给火食。至同居一层，坚执不允，且以判词谓，梁氏当日出外居住，非原因于梁氏自与帮工口角后，屡次潜逃之咎，而系由娣姒不睦，出于炳臣调停之方，不服，复令其子质卿控诉，并请本己参加，愿邀同亲友，到案为质，经本厅传集人证，详细审讯，得悉前情，应即据理判决。

理由：查邵梁氏于其夫炳臣在日，因与帮工口角细故，屡次外逃，不安于室，嗣即另居于外。倘平素在家能事亲抚子，炳臣何至因此小失，遽使另居？其舅姑又何至任炳臣径行处置，不为转圜？当日即听炳臣径行处置，迄今日久，姑媳有些微芥蒂，亦可相忘，胡氏何以犹拒绝如是之甚？又当日梁氏分居，果因娣姒不睦，亲友何以到庭供称，实由梁氏自与帮工口角，素与胡氏恶感甚深等语？是梁氏平日不听翁姑教诲，已可概见。况梁氏悔过回家之意，名曰事姑抚子，实欲分财肥己，奈未经其姑胡氏允许，例无认可子妇分产之明文。且已异居多年，一旦强令与其姑同居，难免不滋生后患。惟梁氏年少居孀，与人杂处，虽志能矢于柏舟，而嫌应防于瓜李。查尚节堂，本为孀妇守志者而设，寄身其中，尚可杜绝无端之毁誉。且胡氏亦愿听其入内，仍前供给火食，既免同居，以滋后累，复免难处，或受人非因。据以上理由，判决如主文。

右案由高等检察厅检察官何玉崑，莅庭执行检察职务。

中华民国二年五月二十四日

本厅民庭

审判长推事:陈正猷(印)

推　　　事:杨　焜(印)

推　　　事:何光祖(印)

书　记　官:李承泽(印)

5. 贵州高等审判厅民事判决高字第六三号判决

控诉人：吕文光，清镇县人，年五十二岁，住清镇新城，道教。

参加控诉人：吴庆三，四川人，年五十岁，住清镇县城，业茶馆。

王义兴，未到。

王品之，王义兴之子，四川人，年四十八岁，住清镇县城，闲居。

被控诉人：邓子贞，清镇县人，年六十岁，住清镇县老城，总甲。

右控诉人，对于中华民国二年十月二十五日，清镇县就该控诉人与被控诉人，因互争绝业涉讼案件所为第一审之判决声明控诉，经本厅审理，判决如左：

主文：本案控诉驳回，原判对于当价无着，以吕闻氏绝业全数充公之部分，变更，判令邓子贞告知清镇县城自治公所筹备银七十两，并饬吕文光缴呈当业余银六十二两八钱，合共银一百三十二两八钱，向当主吴庆三、王品之及已故罗云章之家族，各照契赎回原业，仍归入清镇县城自治公所办公。讼费纸币九元，饬吕文光缴纳，姑念无力，从宽免缴一半。

事实：吕文光，系吕玉堂之子，与吕闻氏之夫洪春系属远族。吕洪春，仅有一女幺妹，招杨姓为赘婿。洪春物故，所受祖遗土业，均系其妻吕闻氏耕管安佃。嗣因赘婿病故，幺妹孀居目盲，与其母吕闻氏同居，收取土租度日，历年无异。迨光绪二十四年，吕闻氏病故，杨吕氏欲变业安葬，突有吕文光，自称其父玉堂为洪春继子，应受此业，不准杨吕氏变卖，遂致吕闻氏尸棺久停，并于宣统元年八月控经清镇县查明，吕文光与吕闻氏素无关系，杨吕氏出嫁之女，均不应受吕闻氏绝业,当饬团甲查实,俟吕氏身故后,即行踩业充公在案。迨宣统三年正月,杨吕氏病故,家停两棺,无人安葬,吕文光乘机上前,将吕闻氏所遗土业,出当与吴庆三、王义兴两人,得当价银一百二十二两八钱;又将土业一股出当与罗云章,得当价银十两,当即将吕闻氏、杨吕氏两棺安葬。据称当价全行用尽,质之吴庆三、王品之,佥称当日衣衾、棺椁、酒肉、布米、超度、抬埋各费,约共用去银七十两之谱,旋因总甲邓汝权即邓子贞等,奉札查明吕文光所当系属绝业,禀复归入县自治公所充公,吕文光因以索贿不遂、假公霸业等情,具控邓子贞,经清镇县集讯,并据县议会议复,吕文光不应混争绝业,请调卷查消等情,判决此业归公,多年饬令销案,吕文光不服,控诉来厅,并据当主王义兴子品之、吴庆三参加控诉,请求并案判决。罗云章据吴庆三等供称已故,无从到案。讯悉前情,应即认为确定事实。

理由:本案控诉人第一论点,谓文光之父玉堂,曾过继与洪春为子,洪春、玉堂相继物故,文光当然承继并应受其遗业等语。查习惯通例,承继须以抱约为凭。既无抱约,则称玉堂为洪春继子,已属捏词。让一步言之,即令抱约遗失,何以吕洪春吕闻氏未死以前既有继子,玉堂复为其女选择赘婿,而吕闻氏死于玉堂物故之后,该吕文光亦未以承重孙名义,及早与杨吕氏商酌治丧,尤可证明承继之事,全属子虚,此项上诉理由,自不能成立。其第二论点,谓民业有契据为凭,并非绝业。因邓子贞私索民贿未遂,是以从中舞弊,朦禀民业充公等语。查吕闻氏此业之契据,邓子贞供称昔年兵燹遗失,经团甲等证明,为吕闻氏所有之业属实,当饬吕文光呈验契据,则称在当主吴庆三、王义兴手,及饬该当主缴契呈验,仅宣统三年吕文光私与写立之当契,此外并无老契一纸,亦无吕闻氏赠与契约,含混搪塞,殊属情虚。况绝业充公,系由清镇县札饬总甲邓子贞、杨春茂、高兆熊、童德富、陈述德、焦承纲、叶凤林等,协同查明,非邓子贞一人所能朦禀。至索贿一节，尤属案外牵诬，毫无实据，此项上诉理由，亦不能成立。惟参加诉讼人提出之论点，谓吕闻氏灵柩久停未葬，宣统三年正月，其女吕幺妹又死，吕文光出办丧葬需银，请凭中证，将吕闻氏遗业，出当与民等公会，并无异言，直至书契兑价后，始行提业充公，致当价无着，今民等不敢争业，只求返还当价等语。此项参加控诉，尚有理由，原审衙门对于当价置之不理，殊有未合。至吕闻氏死后无嗣，其土既属绝业，自应归公。惟原判不提出吕闻氏丧葬费用，亦欠平允。查吕闻氏、杨吕氏母女之丧，系吕文光代为当业办理，王品之、吴庆三等既属当主，又系街邻，耳目所及，其估计吕姓两棺丧葬费用，约需银七十两，不为无见。本厅斟酌条理，判令吕姓绝业，除吕闻氏丧葬银七十两，应由该县城自治公所如数筹给，并饬吕文光缴呈当业余银六十二两八钱，由自治公所分别向王义兴、吴庆三及已故罗云章之家族，各照当价赎回原业，归入清镇县城自治公所办公，以清轇轕。爰据以上理由，判决如主文。

中华民国三年一月十四日

本厅民庭

审判长推事：徐承恩（印）

推　　　事：何光祖（印）

推　　　事：花　相（印）

书　记　官：陈　燊（印）

6. 贵州高等审判厅民事判决高字第七九号判决

控诉人：杨沛钦，紫江县人，年六十一岁，住狗场坝，务农。

被控诉人：杨沛鼎，紫江县人，年十八岁，住狗场坝，务农。

杨沛荣，紫江县人，年五十岁，住狗场坝，务农。

右控诉人对于中华民国二年六月二十七日，紫江县就该控诉人与被控诉人争继争产案件所为第一审之判决，声明控诉，经本厅审理，判决如左：

主文：原判撤销，判令杨沛钦依法归宗，立将寄祀杨氏宗祠之周姓木主迁出，并将前受杨永春分与租谷百余挑之田，退出四十挑之田，给杨永春子沛鼎管业。至立分关后，杨沛钦自置田业，应属沛钦所有，杨沛鼎等不得藉端妄争。分关契据发还具领，讼费以原判四百挑租谷价额计算，应征纸币拾元玖角，责成两造平均负担。

事实：杨沛钦本姓周，杨沛荣本姓廖，先后过继为杨永春之子，杨永春旋续娶傅氏，晚年生一子曰沛鼎。先是沛钦过继时，年方九岁，经永春教养成年，遂入武庠，又工心计，佐其继父永春，开垦荒田，居积致富，岁收租谷数百挑。沛荣过继后，弗听教训，为永春所不喜悦，遂酌给银业，令其自立门户，与杨姓断绝关系。嗣后生子沛鼎，年方岁许，永春罹病甚危，自以妻少子幼，[恐]日后与沛钦有争端，因请凭亲族，将所有产业作为二股均分，沛钦、沛鼎各分得百余挑花谷田业，有分关为据。未几永春病故，沛鼎田业悉由其母杨傅氏主持。沛钦分得田业后，又以善于居积，陆续添置田业颇多，迨沛鼎年渐长，见彼此田业多少悬殊，隐生疑忌。又见沛钦以周姓木主，寄存杨氏宗祠奉祀，沛鼎自以杨氏血裔，心尤不平，复被杨沛荣等唆使，藉此争产，遂以杨沛钦乱宗朦霸等情，控经紫江县集讯，断将沛钦之业踩田三百挑派归沛鼎管业，另踩田一百挑拨归杨氏宗祠作祭祀费，并给照管业定案。杨沛钦不服，来厅控诉，讯悉前情，应即据理判决。

理由：查异姓归宗习惯，有酌给之例。至兄弟间之财产各管各业，总以分关为据。此案杨沛钦过继与杨永春为子，赖其教养成立，厥后永春薄有产业，亦得沛钦助力为多，以故永春病笃时，沛鼎为亲生之子，非不钟爱，而沛钦平昔尽道，相与经营置业之劳苦，究不能忘，分关之立，所以全慈义而杜争端者，其心已可共见，杨沛鼎听人唆使，涎视沛钦产业，肆意妄争，殊属不合。至据杨沛鼎供称，沛钦田业每年租谷约近千挑，原判拨给四百挑田与民，并不为过。质之杨沛钦，供称沛鼎现有田业，亦收租谷数百挑，民现在所有田业每年租谷约五百余挑，均系继父永春故后自置，与沛鼎无涉，各等语。详查杨沛钦呈验分关，当日得受永春分与田业，实只百余挑租谷，自属可凭，该县于此要点不加查核，断将沛钦之业共踩田四百挑，拨给杨沛鼎及杨氏宗祠管业，不惟与归宗给财之义不合，且沛钦过继杨姓数十年，一旦归宗，并自己勤苦居积所得之财产而失之，揆诸情理既不可通，即按之法律亦有未协。本厅特将原判撤销，另为判决，令杨沛钦仍依惯例归宗，立将寄祀杨氏宗祠之周姓木主迁出，酌将前受杨永春分与租谷百余挑之田业，退出四十挑之田，给与杨永春子沛鼎收受，余仍归沛钦管业，以符酌给之义。至沛钦现在所有田业，查系立分关后所自置，当然为其所有，杨沛鼎不得妄听杨沛荣等还宗并应还产之谬说，辄起争端。爰据以上理由，判决如主文。

本案经高等检察厅检察官何玉崑莅庭，执行检察职务。

中华民国二年十月二十七日

本厅民庭

审判长推事:徐承恩(印)

推　　事:何光祖(印)

代理推事:邓良焘(印)

书　记　官:杨锡桓(印)

7. 贵州高等审判厅民事判决高字第八一号判决

控诉人：黄麟书，贵筑县人，年三十八岁，住县门口，闲居。

被控诉人：陈国昌，贵筑县人，年六十岁，住滥泥沟，赶马营生。

陈老围，年二十岁，系陈国昌子。

右控诉人对于中华民国二年七月七日贵阳地方审判厅就控诉人呈诉逆佃反主案件所为第一审之判决，声明控诉，经本厅审理，判决如左：

主文：原判撤销，陈国昌等变卖田业所得之价，由黄麟书及高老三、金明修、班小狗、谢登富、谢德林六人计股摊分。讼费纸币九元，陈国昌缴纳。

事实：陈国昌及其子老围世居滥泥沟，有田二十八坵，房屋一所。因前清光绪三十年至三十二年间，赶马折本，将其所有田房先后分当与高老三、金明修、谢登富、班小狗、谢德林等各立一契，得高老三当价一百一十两，金明修当价八十两，谢登富价六十两，班小狗当价三十两，谢德林当价八十两，共得当价三百六十两。除金明修所得渣草沖田，系自耕外，余则班小狗、谢登富同得一处，高老三、谢德林同得一处，均由陈国昌佃回耕种，按年照解租谷。先是陈国昌于前清光绪二十二年六月，曾将所有全业，出当与刘聚堂；又于宣统二年八月，转当与杨平章，得当价三百二十两。迨民国元年九月，又转当与黄麟书，得当价银四百两，除赎价外长得价八十两，由陈国昌及其子老围，凭中王有炳等，书立当契，佃回耕种，每年认解租米十二石，因各当主不相认识，陈国昌父子遂得售重当之计。至秋收后，黄麟书仅收获租米二石有奇,余数屡催未获,乃前往起佃另安。金明修等闻之,同来争种,诉经贵阳地方审判厅集讯判决。黄麟书不服,控诉到厅,讯悉前情,应即据理判决。

理由:本案该控诉人提出之论点有三:(一)谓陈国昌父子霸耕已久,因恐起佃另安,即串通高老三、金明修、谢登富、班小狗、谢德林等托当业之词,出头扛帮;(二)谓契约行为,红契为真,白契为伪。地方厅不查真伪,颠倒出入,认民所执红契与金明修等所执白契,同一效用;(三)谓地方厅以金明修等为先得业之人,对于当价断民最后收回,并拍卖之数,除金明修等五人全收外,有余始给于民;若不足,无庸另补。民执正式契据,似此判决,实难甘服,各等语。不知高老三等,如果有串通情弊,必将当契同进并立查阅。高老三等呈验当契年月先后不同,纸色墨迹各异,已无伪造情形。且讯据金明修供称,自光绪三十一年得当后,耕管多年。谢登富得当之田,后被陈国昌重当与班小狗。高老三得当之田,后被陈国昌重当与谢德林。先后当主方虑轇轕之不清,何由串通而作弊?此第一论点之理由不能成立。查契约真伪,先以双方承认与否为衡,而红白问题犹居其次。该控诉人呈验当契,亦因陈国昌父子及中人证明不伪,非仅以红契断定为真。至高老三等五人所呈,虽系白契而有双方之承认,有中证之可凭,习惯上自可认为有效。现在国税开办税契局,对于此等白契亦只能宽既往而继将来,该控诉人执一红契,遂将高老三等所执有效之白契排斥其权利。此第二论点之理由亦不能成立。惟第三论点尚有理由,自应亟予主张。盖高老三等分当陈国昌田,虽在先,黄麟书全当陈国昌田,虽在后,然同出于善意,即应同受平均之救济。若谓金明修等有优先权,黄麟书不能与抗,不知法律上优先权以登记为要件,不经登记即不能对抗第三者。原判既知登记法尚未施行,则优先权何能确定?况一业重当,惟陈国昌父子咎实难辞,原判念其对于各当户均肯纳租,尚非有意谋骗。且查家产已罄，不能再事追赔，是对于不当利得之陈国昌，尚加原谅，何对于善意占有之黄麟书，独令其受损？且班小狗、谢德林均在重当之列，亦享优先利益，尤不可解。原判未臻允协，应即撤销。判令陈国昌及其子老围，迅将当出全业定价变卖，所得代价由黄麟书与高老三、金明修、谢登富、班小狗、谢德林等六人，各照当价之多少，计股摊分，以昭公允而断讼藤，爰据以上理由，判决如主文。

中华民国二年十月四日

本厅民庭

审判长推事：徐承恩（印）

推　　事：何光祖（印）

代理推事：邓良焘（印）

书 记 官：李承泽（印）

8. 贵州高等审判厅民事判决高字第八八号判决

控诉人:罗季臣,贵阳县人,年二十六岁,住赵家巷,业商。

被控诉人:朱镜元,清镇县人,年三十岁,住清镇老王冲,业农。

右控告人对于中华民国三年五月二十九日清镇县就该控告人与被控告人因马价涉讼一案所为第一审之判决,声明控告,经本厅审理,判决如左:

主文:原判偿还马价银八十两之部分变更,其他控告之部分驳回,判令朱镜元呈缴银玖拾四两陆钱,给罗季臣具领。讼费纸币四元二角,归朱镜元负担。罗季臣预缴讼费五元九角,除饬还四元二角外,其长缴之数入公。

事实:民国元年十一月,朱镜元向罗季臣买马六匹,议定价值苞谷捌拾石。十二月解二十石,次年二月解六十石,当凭中证,立有限字。朱镜元先交付罗季臣定银三十两,议于十二月解苞谷时退还。罗季臣当将马六匹点交朱镜元牵去,届期朱镜元无苞谷可解,并避匿不面。罗季臣于元年一月侦知,伊赶马进省在途,将马拦获,报经外北区剖断未息,旋诉经清镇县审理,讯悉马价苞谷捌拾石,折合银一百五十两,朱镜元曾经代付罗季臣路账共银三十五两七钱,除此数及定银三十两外,断令朱镜元补缴银捌拾两给领完案,罗季臣不服,来厅控告。

理由:控告人不服原判之论点约分为三:(一)民转卖与朱镜元之马,均照原价。伊得民马后谋利已久,民损失过大,原判给民银一百五十两不加利息;(二)朱镜元请吴春甫代立第二次限字载明,马价银壹百一十两，系除定银、路账各数计算，原判重行扣除，断银八十两完结，折原价四分之一；（三）民所欠各处路账，实共银二十六两左右，有各处账主可质；又于正数内，少断银四两三钱，民心实难甘服，云云。

被控告人当庭答辩，意旨略称，民欠罗季臣马价属实，但因赶马屡受损失，故求展限缓偿。伊与吴春甫所立一百一十两之限字，民既未出名，又未画押，何能承认？至原判补缴银八十两完结，民已遵依具结在案，伊今复控诉求公判，云云。

查买卖通例，固为双务契约，然必于买卖有成议时，买主不尽支付价金之义务，卖主始得因买主之迟延，从其选择为履行，及迟延赔偿之请求，或不履行损害赔偿之请求。该控告人卖马与朱镜元，始而议价苞谷八十石，既不要求同时互易，苞谷未得，概将六马交付，继而又将马价折银一百五十两，宽限责偿，是该控告人已履行卖主之义务，而于买主之支付价金，竟曲予通融，许其延缓。无论朱镜元得马后，如何获利，将来于支付价金之外，实无加偿利息之可言。此控告人第一之论点，其理由不能成立。凡契约须当事人之一方，将所欲为之法律行为，先表示意思于相手方，得其同意，斯能成立。限字亦契约之一种，该控告人呈验马价一百一十两之限字，查系该控告人与吴春甫所立，实非朱镜元名义，朱镜元当然不受其拘束。况朱镜元并非行为能力不完全，何庸吴春甫代理？而吴春甫与朱镜元，又无甚关系，何能代理为契约行为？朱镜元坚不承认，亦属正当。此控告人之第二论点，其理由亦不能成立。惟查原卷内载，朱镜元呈验路账清单一纸，讯据该控告人供称，数多浮冒，实系欠石板场冯兰廷路账银八两，欠两龙栈刘树枝路账银五两四钱，欠札佐王宪章路账银七两，欠息烽穆姓路账银五两，朱镜元实共代付银二十五两六钱等语。质之朱镜元，亦无异议，应免传各账主质证，以省拖累。至原判多除去银四两三钱，亦欠核实。此则控告人之第三论点,尚不可谓无理由。本厅应即将清镇县原判,略予变更,特为补充判决。查原判,马价作银一百五十两,系根据于朱镜元诉状之自陈。兹该控告人呈验吴春甫所立限字,既不能对抗朱镜元,自应认原判马价一百五十两为确定事实。除朱镜元付过控告人定银三十两,又代付路账银二十五两六钱,共银五十五两六钱外,朱镜元实尚欠银九十四两六钱,应即如数缴呈,清镇县发给罗季臣具领。罗季臣呈验限字二纸,涂消附卷。特判决如主文。

右件在本厅为控告审,查系本年五月三十一日以前未结之案,故遵照司法部电示,暂以独任审判行之,併记。

中华民国三年七月八日

本厅民庭

审判长推事:徐承恩(印)

书 记 官:陈 燊(印)

9. 贵州高等审判厅民事判决高字第一二二号判决

控诉人：王姚氏，贵阳县人，年五十二岁，住天后宫，闲居。

王积惠，年十八岁，王姚氏之子。

被控诉人：蒲春林，贵阳县人，年六十二岁，住小井坎，庆昌行生理。

右控诉人对于中华民国元年八月二十七日贵阳地方审判厅就该控诉人与被控诉人因债项纠葛涉讼一案所为第一审判决，声明控诉，经本厅审理判决如左：

主文：本案控诉驳回，蒲庆昌代存王源昌银六百八十两，查验历年簿据，实经王源昌凭折，将本利陆续取清，王姚氏母子所持蒲庆昌存票，仍照原判应归无效。讼费纸币拾捌元，饬王姚氏母子负担。

事实：蒲春林乃王源昌女婿，王源昌在日，曾于前清光绪乙巳年十二月，将本己卖房银一千零八十两，交蒲春林存于庆昌号内。蒲春林因王源昌先年曾借该号银二百九十两，又老账银一百一十两，共计四百两，当向王源昌算明，除扣抵外，余数作为存项，经该号管理人李海平批载簿据，并书立光绪三十二年正月初一日存到王源昌银六百八十两票据一张，其银议定按月每两一分行息，本利随要随还，故由蒲庆昌出一取银手折交王源昌，以便随时持向该号取银。自光绪三十二年即丙午年正月起，至癸丑年二月止，王源昌实陆续共取银六百八十两，息银四百一十一两八钱，本利两清。蒲春林当凭伊孙王积惠持折，来号结算尾数之时，即于折上批有银折两清等字据。原折仍交王积惠持回，蒲春林旋即向王源昌索取存票，王源昌因找寻不获，未将存票揭出。蒲春林以为谊属至戚，未及他虑。

是年五月，王源昌身故，其媳王姚氏及其子王积惠检出存票，向蒲春林索银，蒲春林请凭街邻理讲，众人廉得其情，皆斥王姚氏母子之非，惟王姚氏等不服，未经了息，蒲春林乃赴贵阳地方审判厅具诉存案，王姚氏等旋亦呈诉，经该厅传讯，据王姚氏母子供称，蒲春林簿据所记本利取消属实，惟系银折所存之六百八十两，并非存票之六百八十两，饬将银折呈验。王姚氏等又推被蒲春林拿去，诘其家中有无王源昌簿据、遗嘱，亦称无有。该厅以王源昌如果存银两，注前后数目必不相同，即令数目相同，蒲庆昌必有账目可稽，其起息日期又必不同，乃查蒲庆昌簿据，王源昌存款只有六百八十两，一注其起息日期，与王姚氏所存之票，又同为丙午年正月初一日，足见存票之数即取银手折之数，显系因王源昌当日未揭存票。兹特将折隐匿，以便凭票重索，遂判令王姚氏母子所持存票，应作废纸。王姚氏等不服，控诉到厅讯，悉前情，并调集蒲庆昌历年出入总簿及流水簿，逐一核算，实无丝毫不符。又据证人宋伯陶供称，理讲时曾经到场，凭众查对蒲庆昌簿据，所记各号存款均编列号数，断难弊混等语，应认为确定事实。

理由：查该控诉人第一论点，谓王源昌自乙巳年起，曾卖小庚寨田银二百二十两，府巷口铺面银肆百二十两，独狮子铺面银六百一十两，又一起银一千零八十两，均系交蒲庆昌存放，何以该号簿内竟将其余账目尽行抹煞，只记后交之银一千零八十两，除抵扣外仅存银六百八十两，指为该号之弊，果如所云，则出售田房三款，共计一千二百五十两，为数甚巨，蒲庆昌何能尽行抹煞？即王源昌在日，亦岂有不向清厘之理？且王姚氏等又无他项证据，足以证明，其理由实不能成立。该控诉人第二论点，谓蒲庆昌如凭折取银存票，何用如凭票存账立折，奚为且存一注银两，而又何必出立两项凭据等语。查蒲庆昌存票，系载明本利随要随还，则当日立折在，王源昌可凭以零星取用，在蒲庆昌亦得以随时登记，自系为便利起见，亦属情理之常。又查蒲庆昌簿据记载，历年陆续所取本利，均极符合，且簿据内起息之日，即存票内取息之日。如果存票与折系属两注，何以存款数目及起息日期历历相同？迨经再三驳诘，而王姚氏等又支吾其词，谓折上系乙巳年五月初一日存本起息，查王源昌于乙巳年十二月交卖房银一千零八十两，以前尚欠账银四百两，迨扣还外余银六百八十两，始作存项，此即立票之由来。如果乙巳年五月先有六百八十两之存款，则四百金旧账岂有不先行扣还之理，似此毫无根据之词，殊不足信。该控诉人第三论点，谓折上之银既已取消，伊自应执以为据等语。查王积惠持折向该号收取尾数之时，据蒲春林供称，当面算明后，即批有银折两清字据，随同所补尾数银七十两，一并交王积惠持回，以便伊祖王源昌查核，其原算数目是否相符，自属实在情形。且蒲庆昌历年簿据，均已缴齐。若折在伊手，又多一收清之据，方将呈验之不暇，何所用其隐匿？况据王积惠供称，折经蒲春林批明收清字样不虚，则此折自应存在王姓，王姓不将此折呈验，显系藉存票以为重索之据，殊属不合。该控诉人第四论点，谓账既结清，令其出一票，已遗失证据，亦无不可等语。查蒲庆昌缺少此项手续，诚不免疏忽之咎，但蒲春林曾经追索，因处岳婿之间，未便过于迫促，其情尚有可原。详阅呈验该号总簿及流水簿，王姓年年取本，月月取息，逐一登记，核与存票上本利随要随还一语，针孔相符，实足以为存款，实只一注本利，确已收清之铁证。该厅原判并无不合，爰据以上理由，判决如主文。

中华民国二年十月四日

本厅民庭

审判长推事：徐承恩（印）

推　　事：何光祖（印）

代理推事：邓良泰（印）

书 记 官：李承泽（印）

10. 贵州高等审判厅民事判决高字第一二四号判决

控诉人:黄显枢,即王来生,清镇县人,年三十九岁,住清镇南城外兴隆街,开客栈。

被控诉人:黄承泽,清镇县人,年四十岁,住清镇县门口,充县署书记。

右控诉人对于中华民国二年九月十三日清镇县就黄承泽呈诉异乱混争案件所为第一审之判决,声明控诉,经本厅审理判决如左:

主文:原判撤销,判令黄显枢依法归宗,其自置兴隆街地基房屋,仍归黄显枢照契管业。至黄应铭与黄品珍共置之碾房,其半部应归黄应铭继子显亲承受,契据批明饬县发还。讼费纸币九元,证人黄应录、黄应镰、黄应鏶、黄少清到庭费,应各给银五钱,责成两造平均缴纳,分别归公给领。

事实:黄显枢,本姓王原名来生,年方三岁,父母俱故。黄应铭见其孤苦无依,又自以子嗣艰难,于是收养家中,旋抱为己子,改姓名曰黄显枢,成年后娶妻吕氏,相与勤苦度日。未几,黄应铭夫妇相继病故,需银安葬,显枢将其所受东门外暨茅栗山遗业,先后共卖得银二十五两,以作葬费。外有水碾、房屋,因系黄应铭与黄品珍合资共买之业,未能一方自由变卖。又有南门外兴隆街地基、房屋,系黄显枢自己所置,去买价银六十二两六钱。后因房屋倾坏,黄显枢之妻吕氏,出其历年齿积银,于宣统三年兴工修葺,不敷又借银添修,约共去银一百三十两左右。落成后,开设旅店,客商来往颇盛。黄承泽与其弟献三谋分享利益不遂,爰以异姓乱宗等情,控经清镇县集讯，断将南门口地基房屋，令黄显枢与黄献三均分，碾房归黄显枢承受，日后归宗产业仍还黄姓完结。黄显枢不服，来厅控诉，迭次辩论，当饬黄承泽回家，请凭亲族另立应继之人。旋据黄承泽及其族长黄应录等呈复，族人黄显亲业经亲族选为黄应铭嗣子，并呈验抱约前来。讯悉前情，应即认为确定事实。

理由：此案控诉人提出之论点有二：（一）谓黄应铭物故时，系显枢成服点主，黄承泽并不上前相助，兹忽以其弟黄献三承继应铭为子，并无抱约，足见捏诬；（二）谓兴隆街房业系显枢所置，并系显枢夫妇筹资修建，与黄承泽等无干。今忽朦控清镇县，断令此业由显枢与黄献三均分，实难甘服。质之被控诉人提出之论点亦有二：（一）谓黄显枢实系王石匠之子，不能承继黄应铭为后，黄献三对于黄应铭谊属嫡堂叔侄，实为应继之人，即应承受应铭财产；（二）谓兴隆街地基、房屋系黄应铭所遗，黄显枢既还其本宗，自不能将分得财产携回，各等语。查异姓固不能乱宗。而同宗立嗣，亦必依一定惯例。黄献三之承继，既不提议于黄应铭未死之时，又未经凭亲族协议认可，仅出于黄承泽一人私意，并无抱约可呈，其承继何能认为合法？此黄承泽曲而黄显枢直者一。至异姓义子情愿归宗者，惯例虽有不许将分得财产携回本宗之说，但所谓分得财产，系对于分得被承继人之财产而言。若被承继人既死，自己勤苦所置房业，当然不在分得财产范围内。查阅呈验兴隆街房契，系以黄显枢书名。又据黄显枢之妻吕氏供称，此房于宣统三年培修，其费用百数十金，半由借贷而来，半由历年所积。环质黄应镰等，亦供称无异，足见此业实为该黄显枢夫妇所有，岂黄献三所得与之均分？此黄承泽曲而黄显枢直者又一。清镇县原判实属错误，应即撤销。由本厅斟酌条理，另为判决，令黄显枢按照惯例归宗，黄应铭之嗣子，既由该黄姓亲族选定，黄显亲准其承继。黄应铭与黄品珍共置碾房，其半部应归其嗣子黄显亲承受。至兴隆街地基、房屋契据上，既系黄显枢名义所置,仍应归其管业,黄显亲等不得妄争。此案讼费及证人到庭费,本应由黄承泽负担,惟黄显枢当庭供述,迭次隐匿本姓冒认姓黄,亦属不合。所有讼费、证人到庭费,应责令分担一半。爰据以上理,由判决如主文。

本案经高等检察厅检察官郑绍盂莅庭,执行检察职务。

中华民国二年十一月十九日

本厅民庭

审判长推事:徐承恩(印)

推　　事:何光祖(印)

代理推事:邓良焘(印)

书 记 官:杨锡桓(印)

11. 贵州高等审判厅民事判决高字第一三九号判决

控诉人：徐张氏，年五十九岁，贵阳人，住金井街。

徐三妹，年二十三岁，贵阳人，住金井街。

被控诉人：胡献之，年五十二岁，贵阳人，住一品坊。

胡仲方，年二十七岁，贵阳人，住一品坊。

右控诉人对于中华民国二年九月二十八日贵阳地方审判厅就该控诉人与被控诉人因离婚涉讼一案所为第一审之判决，声明控诉，经本厅审理，判决如左：

主文：原判撤销，徐三妹对于胡仲方情义已绝，难强其合，应准离婚。所有徐三妹嫁奁等件，离婚先出于徐三妹自愿，毋庸责令胡仲方返还。至胡仲方前结婚时，花费财礼，徐三妹查系无力，亦无庸议。讼费纸币四元二角，饬徐三妹缴纳。

事实：胡献之子仲方，于去岁媒娶徐张氏女三妹为妻，过门尚称和好，弥月后三妹归宁，胡姓往接未回，遂生意见。此后待遇刻薄，徐三妹每次回家，若接不即返，必招言骂。后因徐张氏染病，复接徐三妹转回待奉汤药，又因往接留宿未归，胡献之遂以不遵翁姑之命，于妇道有乖，写字谕知云“若强欲住宿，可以从此不来夫家”等语，送至徐张氏家，徐张氏因请街邻与之理论，胡献之则称有事未前，胡仲方亦不善调处，故经众理剖，仍未了息。徐张氏因以翁姑虐待等情，控经贵阳地方审判厅讯悉，徐三妹嫁与胡仲方后，屡因归宁往接未即回家，遂致家庭不睦，固由胡姓刻薄寡恩，亦由徐三妹义乖柔顺，设使各尽其道，家庭间不难相处，判令胡仲方出具切结，将徐三妹接回,不得虐待。徐三妹亦应明白大义,毋许动致勃豀。当经胡仲方出具遵依甘结存案,惟徐三妹母女不服,以苦虐难堪死不愿返等情,来厅控诉,当即票传,并片请同级检察厅派员莅庭,讯悉前情,应即据理判决。

理由:查人事诉讼法理,夫妇离婚,本须双方合意。但有一方备具离婚之条件者,亦得呈诉请离。本案徐三妹藉口归宁,胡仲方屡接未回,以致家庭不睦。虽胡姓平日不无刻待,然既经胡仲方在地方审判厅出具切结,愿将徐三妹接回共敦和好。并据胡仲方供称,九月十六日曾经借轿亲迎等语,已足表示此后善待之情。讵徐张氏母女坚称,胡姓虐待不堪,死不愿往,虽经再四劝论,仍决意不允,并据徐三妹出具离婚手摹甘结,以自绝于其夫。又经莅庭检察官陈述意见,以徐三妹与胡仲方情义已绝,如强使之合,不独有妨家庭之秩序,亦且有碍社会之安宁,自系为保护公益起见。质之胡仲方亦称,徐三妹不守妇道,伊既具结离婚,亦不愿强与之合。本厅自不能维持原判,致令兹生事端。至徐三妹请求返还嫁奁等件,胡仲方请求赔偿结婚时花费财礼。查离婚系先由徐三妹自愿,何能断返嫁奁?徐三妹现与其孀母同居,委系无力,胡姓所费财礼,亦应免其赔偿,以昭平允。爰据以上理由,判决如主文。

右案由高等检察厅检察官何玉崑莅庭,执行检察职务。

中华民国二年十一月二十六日

本厅民庭

审判长推事:徐承恩(印)

推　　事:何光祖(印)

代理推事:邓良焘(印)

书记官:杨锡桓(印)

12. 贵州高等审判厅民事判决高字第一四〇号判决

控诉人:周万凤,贵阳县人,年四十一岁,住威清门外,务农。

被控诉人:周万龙,贵阳县人,年五十九岁,住威清门外,务农。

右控诉人对于中华民国二年十月一日贵阳地方审判厅就该控诉人与被控诉人因分产纠葛涉讼一案所为第一审之判决,声明控诉,经本厅审理,判决如左:

主文:本案控诉驳回,仍照贵阳地方审判厅原判决。讼费纸币玖元,饬周万凤负担。

事实:缘周万龙、周万凤,均系周德洪之子。前清光绪十八年,周德洪因二子业已完婚,将本己所置田土、房屋、地基,当凭族邻分给二子耕管。自右边槽门铺面二间、右边土五块、大田五块、大塘在内、大路坎上田一块,作长孙田。底下当字大田一块,为周万龙承受,左边堂房铺面共二间,左边土五块、大田五块、上首当字田一块,为周万凤承受。其坎下土上下八厢,周德洪夫妇在日,留作养膳之用,死后仍给周万龙兄弟均分,书有分关。自分产后,周万龙复自行起盖瓦房,并买熊姓田,去银四百两。因己银不敷,曾向其妹丈陈壬甫借银一百三十两,添兑与熊姓。当时父子兄弟,均无异议。其父周德洪死后,其母有养老银十一锭,不计重数,曾经伊兄弟当众清点,仍由其母收管。民国二年五月母死,周万龙乃将其养老银办理丧葬,不敷之数,业经周万龙、周万凤平均负担。衅因周万龙,将其父周德洪坟后已填之洗菜塘,重新开挖,周万凤恐有不利,出而阻止,周万龙不服,彼此口角,周万凤以横霸产业等情,控经贵阳地方审判厅,传讯据,周万龙呈验分关一纸,周万凤谓当日并无分关,系凭族叔周德成口头分授。因周万龙人多,分授较多。查传分关人证,周万龙称均已物故,无从质证。至周万龙建房置田,周万凤又称其系私得父亲银两所置,讯无确实证据。判令周万龙将大路坎上田一丘,让给周万凤管业。周万凤原分头台土内洗菜塘一口,仍与周万龙公用。其余祖遗之房屋田土,二比均照现在住居及耕种地方管业。至周万龙所置新业,周万凤不得妄争。周万凤不服,控诉到厅,讯悉前情,并经本厅派员诣勘,旋据绘图呈阅,并覆称,周万龙弟兄承受遗业田,上下四至,与老契相符。伊父坟茔在周万凤所受业内,每土均有水塘一个,惟现在田变为土块,角随之更改。据周万凤呈出伊弟兄分种图一纸,指称大塘已填。又据周万龙指称,经伊父手,即与周万凤分种等情。前来复传分关代笔人、已故石梓卿之胞兄石文轩,到庭供称,伊兄弟分析时,先父石光廷及胞弟石梓卿实属在场,分关确系石梓卿笔迹,并据呈验家中旧存簿据内有石梓卿亲笔,核与分关笔迹均属相符。案经证明,应即据理判决。

理由:查该控诉人第一论点,谓先父所置田土,原系是田后改为土,共仅五块,既曰田即无所谓土,既曰土即无所谓田,原审判词所载田土块数不符,将来何处着落等语。查原判词所载田土块数,系援引早年分关所载之数,且二比分受之业,周万龙尚谓与口头分授之业相符。自光绪十八年,书立分关后,至今已二十年。据周万龙供称,昔年改田为土,迄今日久,块数均有变更故,与分关所载数目不符,而其四至均与老契相合,经本厅派员履勘属实。该控诉人舍弃四至不言,仅以四至内之田土块数不符为词,其理由不能成立。该控诉人第二论点,谓周万龙建房置田,系得伊父银等语。就令此点不虚,实属赠与性质,法理上亦不能反乎死者之意思,责令被赠与者缴款另分。况未能提出确实证据,徒以空言狡辩,其理由不能成立。总之,析产以分关为凭,周万龙呈验分关,有凭中,有代笔,登载明确，实无瑕疵。虽凭中、代笔现均物故，本厅传代笔石梓卿之胞兄石文轩到庭质讯，并呈验其弟梓卿故笔，核与分关笔迹相符，自应认周万龙呈验分关为有效。周万龙于分析后，自置新业，当然纯属周万龙所有，周万凤何得觊觎妄争。本案证据上之审查，既经本厅补充查明。据以上理由，故判决如主文。

右案由高等检察厅检察官官麟莅庭，执行检察职务。

中华民国三年三月十一日

本厅民庭

审判长推事：徐承恩（印）

推　　事：何光祖（印）

推　　事：花　相（印）

书 记 官：陈　桑（印）

13. 贵州高等审判厅民事判决高字第一五〇号判决

控诉人:黄老三,贵阳县人,年三十岁,住青岩,贸易。

被控诉人:胡洪顺,贵阳县人,年六十四岁,住青岩,木工。

黄胡氏,贵阳县人,年二十五岁,黄老三之妻,住青岩。

右控诉人对于中华民国二年十月十七日贵阳地方审判厅就该控诉人与黄胡氏因呈诉离婚案件所为第一审之判决,声明控诉,经本厅审理,判决如左:

主文:原判关于黄胡氏来往费用,断令黄老三负担之部分撤销,其余控诉驳回。讼费纸币四元一角,饬黄老三、胡洪顺各缴一半,惟胡洪顺查系无力,从宽豁免。

事实:缘黄老三前妻物故,凭媒续娶胡洪顺之女为室,于民国元年迎娶,过门时,尚称和好,后因黄胡氏归宁,漫无限制,并胡洪顺之妻,亦时有往来,黄姓遂疑胡氏有私取财物,顾及外家之事,乃至本年六月胡氏归宁,七月内返家,黄老三即称该氏去后,清点室内物件,颇有遗失,饬令逐一归还,黄胡氏相与抗辩,黄老三即欲动武,黄胡氏避回娘家暂居,黄老三即置之不顾。嗣胡洪顺因家贫,不能将女久养,遂投凭青岩自治公所理论未息,因以惨遭虐待等情,诉经贵阳地方审判厅传讯,并据黄老三呈诉,胡洪顺等纵女透漏各情,讯无确证,判令黄老三尅日将黄胡氏具领回家,勿许虐待,黄胡氏亦当恪守妇道,勿蹈前愆。胡洪顺夫妇与黄姓,虽系至戚,来往均应避嫌,以免枝节重生。讼费三两及黄胡氏来往所生费用,酌量定银三两,概归黄老三负担。黄老三不服,控诉到厅,讯悉前情,应即据理判决。

理由：据该控诉人当庭陈述，谓胡氏性情泼蛮，不安于室，上不善事其姑，下不能抚育前妻之女，随时归宁，辄将衣物携去，前已将透漏各件开单呈验，请求详查。质之胡洪顺及黄胡氏，供称黄老三常嫌胡姓贫穷，时遭虐，待本年六月归宁，返时黄老三即诬以透漏财物，将氏逐出，不准进门，各等语。查夫妇离婚，必须双方合意，若一方自愿离婚，则必备具呈诉离婚之要件，而后其请求为有效。本案黄老三因胡洪顺之妻及黄胡氏彼此往来烦数，致生嫌疑，至所开透漏衣物清单，讯明系于黄胡氏不屋时，黄老三独自清点，始行发见，未能提出他项有力之证据，自难认为不虚。且单开各物为数亦属不少，何以未据黄老三先行呈诉，请求查追？迨被胡洪顺赴贵阳地方审判厅呈诉后，始以透漏各情呈请存案，显系因被控情虚，藉词抵赖。即让一步言之，就令黄胡氏因外家贫窘，不无私顾之情，黄老三亦只能行使夫权，以大义相儆戒，乃辄据此为请求离婚之条件，实属不合。惟原判关于黄胡氏来往费用三两，判由黄老三负担。查黄老三既无出妻之意，其情不无可原，黄胡氏此项费用，讯由其父胡洪顺给付清楚，应准免其负担。至胡洪顺称系无力应缴，讼费恳乞豁免，查系实在情形，准如所请。爰据以上理由，特判决如主文。

右案由高等检察厅检察官官麟莅庭，执行检察职务。

中华民国二年十二月十三日

本厅民庭

审判长推事：徐承恩（印）

推　　事：何光祖（印）

代理推事：章家骥（印）

书 记 官：杨锡桓（印）

14. 贵州高等审判厅民事判决高字第一九六号判决

控诉人:李王氏,贵阳人,年三十二岁,住谷下里。

代理人:刘广汉,律师。

被控诉人:李灿清,贵阳人,年不一岁,住谷下里,务农。

李灿桂,贵阳人,年不一岁,住谷下里,务农。

代理人:余大绳,律师。

右控诉人对于中华民国二年十二月十七日贵阳地方审判厅就控告人与李灿清因家产轇轕案件所为第一审判决,声明控告,经本厅审理,判决如左:

主文:原判小新寨田业归李灿清兄弟经营之部分,撤销。

李王氏依法立继后,除李如祥所遗土场路各业,仍照契管业外,其小新寨之业应与李灿清兄弟两股均分,凭族另立分关为据。

讼费银四元二角,责成李灿清弟兄缴纳。

事实:李王氏之翁如祥,与李灿清、李灿桂、李灿富之父如连,系嫡堂兄弟,原有祖遗小新寨之业,早年彼此平分,未立分关字据。惟各就得分之业,以本己之名纳粮,历年无异,后李如祥又自置有土场路各业,并遗子灿云、灿明管受,灿云、灿明相继物,故灿云之母令其妻王氏招李灿富为夫,生子润年。王氏之姑物故后,李灿清、李灿桂即将李王氏之翁所置土场路各业契据估去,霸收租谷,并将王氏得分祖遗小新寨之业,与李灿富重行三股平分,李王氏因以措契霸业等情赴诉地方厅,经该厅判决,声明不服,控诉本厅。讯悉前情,应即认为确定事实。

理由：据控诉人及控诉代理人所称不服原判之点，仅系小新寨业之一部，其理由略有三点：(一)原判谓该氏既无分关可凭，查李王氏翁如祥，与李灿清父如连，系嫡堂弟兄，当日同分小新寨之业，必有分关(中略)，即饬李灿清缴出契约八张，尚有李锦春、陈二生之卖契二张未得，日后寻出作为废纸，据此则小新寨老业之分关，显系李灿清隐匿证据，希图霸估，不得谓之无凭；(二)原判谓无乡邻为证，查李王氏呈诉李灿清时，饬赶族长李宗弟到庭证明，殊遵赶来时，此案已先一日判决，未得到庭，即申明故障，又因崇修斋醮，复恐误期，已先呈禀小新寨之老业实系各分一半，迄今如祥、如连均故，仍应各管各业，已蒙批示，不得谓无乡邻为证；(三)原判谓李灿清耕管多年，仅足衣食之需，该氏不得再起贪心，得陇望蜀。查李灿清弟兄，系由前清光绪三十二年抢得契约之后，始霸耕此业，距今不过七年，谓仅足衣食之需，讵有本已财用不足，而侵估他人产业，以供本人需要之理？李王氏系欲退还全业，实属分所应得，何得谓为再起贪心，得陇望蜀？乃土场路之新业，既应退还，独小新寨之老业判归李灿清所有，此上诉人所以不服，兹于族长李宗弟人证外，查有一种最有力之证据，即贵阳县粮册所载，李如祥粮五斗零一合八勺，李如连粮五斗零一合八勺，据此小新寨原系老业，平均分受，故粮亦同负担，请祈咨查，以作判断根据。抑再有请者，原判李王氏另择一昭穆相当之子，承继李灿云宗祧。查灿富入赘李王氏所生一子，业已五岁，既系从堂弟兄，又为李王氏亲生，应承灿云宗祧，以受遗业，似可勿庸另择，云云。

被控诉人及被控诉人代理人答辩意旨：(一)李灿清保管土场路契约，乃如祥殁后，其弟灿明、灿云亦相继亡故，如祥之妻以为本房既绝，遂将土场路契据一并交与灿清管理。迨其伯母殁后，始凭团将小新寨老业三股均分，如有不平，当时应起争议，据此即可证明小新寨之业，与李王氏毫无轇轕；(二)谓有族长李宗弟为证。查李宗弟乃外姓带来之子,非李姓族长,不能作证;(三)谓李如连、如祥,均各纳粮五斗零一合八勺。如祥既有此粮,即应有此田,犹为影响之谈。查一班(般)习惯,顶他人户口上粮者,不可胜数。果如所说,执粮争田者,不知凡几。且新寨纳粮户口,不仅如祥有名,即李思聪、李思尧、李思周三人名字均归灿清弟兄上纳,据此李灿清等分得小新寨之业的无错误,各等语。

据两造辩论终结,要不外关于李灿清弟兄平分小新寨田业一部之争执。惟该业应否由李灿清弟兄平分,即当视李灿清等先辈,对于此业究竟已分、未分及现在是否绝业,为本案先决问题。此点既明,是非立辨。查此案系争田业,确经李如祥、李如连早年二股分析,即李如祥、李如连,均各以本己名义,在贵阳县各纳粮五斗零一合八勺,足资证明。若谓一般习惯,顶他人户口上纳者,数见不鲜,此点不足为据。盖被顶户口所纳之粮,既为他人顶上,本己即不再上纳,官厅亦不至两方征取,始为合例,何至有李如祥之粮,既为李如连顶上,税经转驾,本己犹复重纳,足见其业之粮,因系早年均分,所以同一负担,并非如习惯上顶人户口上粮之类可比。又此业证明系李如祥、李如连在时,平均分析,即应各管各业。虽如祥之子灿云、灿明已死,然尚可以立后,且其媳王氏犹存,自不得谓为绝业,控诉人及控诉代理人所主张该业不能由被控诉人等平分,应认为有正当理由。至对于立嗣一节请求,即以李灿富子润年立为李灿云嗣子,殊不适法,应勿庸议。以上论结,原审厅关于土场路之业,由李王氏管受,李王氏依法与李灿云立嗣之判决,并无不合,亟应维持效力。其小新寨之业,查明系李如祥、李如连早年分就,仍依原议,永断轇轕。爰为判决如主文。

右案经同级检察厅检察官官蹇先昌莅庭,执行检察职务。

中华民国三年五月七日

本厅民庭

审判长推事:徐承恩(印)

推　　　事:何光祖(印)

推　　　事:花　相(印)

书　记　官:陈　椉(印)

15. 贵州高等审判厅民事判决高字第二〇〇号判决

控诉人: 蒲庆昌,贵阳县人,年六十岁,住小井坎,业商

代理人: 余大绳,律师。

被控诉人: 韩聘之,贵阳县人,年五十八岁,住化龙桥,闲居。

参加人: 韩汝烇,贵阳县人,年二十六岁,住化龙桥,教员。

右控诉人对于中华民国二年十二月二十七日贵阳地方审判厅就该控诉人与被控诉人因债项暨当业纠葛案件所为第一审之判决,声明控诉,经本厅审理,判决如左:

主文: 原判撤销,蒲庆昌与韩聘之私立当契无效,涂销附卷。限韩聘之于二个月内,返还蒲庆昌本银三百六十五两,韩姓化龙桥房业,不准韩聘之私当或抵押,其已故韩绍徽与蒲庆昌之借项,蒲庆昌应向韩绍徽之子伯秋直接交涉,与韩聘之实无关系。讼费纸币二十七元八角,韩聘之缴七元,蒲庆昌缴二十元八角,韩汝烇参加控诉驳回。

事实: 韩聘之与已故之韩绍徽,系属同胞兄弟,分居并未析产。蒲庆昌与韩绍微,系属姻谊。前清光绪二十五年,韩绍微由京函托蒲庆昌代借银二千两,以其祖遗共有之化龙桥住宅契据作抵,叙明每月每两息银一分,其银无论代借何人均不愿与交涉,只知承认借蒲庆昌银二千两,立一借券为据。是年十月,即由天顺祥汇还蒲庆昌银四百二十四两八钱六分;十一月又汇还银五十八两八钱;次年韩绍徽在京殉难,账遂搁置。蒲庆昌始对于韩聘之借给银三百六十五两,议将绍徽抵押债务之共有住宅作当,韩聘之因贫贪利,遂于是

年四月十六日，依蒲庆昌一面主张，连昔日韩绍徽借款本利并算，总共合买二千四百八十两，并令批明“即日亲手收明，并无少欠分厘，亦无私债货物准折”字样，其韩绍徽之借券，蒲庆昌仍系收存，亦不揭还韩聘之，均无异议。立契后，即行搬出。旋因韩绍徽子伯秋扶榇回黔，闻知其事，即向蒲庆昌交涉。蒲庆昌故将房腾还伯秋，舁柩入宅治丧，葬事既毕，伯秋即将其房交韩聘之，继续经营，并即往告蒲庆昌认还乃父借项，旋又回京。自是年起至光绪三十年止，伯秋由京汇还蒲庆昌银总共七百九十五两，其余即未偿还。洎至去年，蒲庆昌将该房之契投税，取获税牌，前往悬挂，韩聘之出而抗议，蒲庆昌乃以韩聘之措霸当业等情，诉经贵阳地方审判厅判决，蒲庆昌声明不服，来厅控诉，传集一干质讯，究悉前情，应即认为确定事实。

理由：控诉人控诉状及当庭供述不服理由据称，涂销当契，判令三年还本，债务者固大得其便，无如债权者过受损失。又称韩聘之当房有房为凭，韩绍徽之借项有借券为据，以证据确凿之事实，不惟不能受法律之保护，反因以受无穷之损害，是以心不甘服，等语。

控诉代理人追加意旨书，提出论点，核其大要，略有四端：一谓蒲庆昌有抵当权而无质权，将当契涂销，其理由不过谓，韩聘之与韩绍徽既已析居分爨，即不能代其弟处分事务，为之设定不动产质权，不知韩绍徽虽宦游北京，其家原为共有物，果使析居另爨，当日伯秋扶柩回籍，所有权被人侵占，居留数月，万无缄默不言，即使析居分爨，已足为默认之一证。况韩绍徽并无分家之确证，此原判错误之点一。原判又谓，蒲庆昌初拟收一半之利，竟乃变其初志，务将原金利子算足无遗，遂据韩伯秋一面之函，仅判认一千两之息银。查韩绍徽亲书有借约，不能不凭契约为断，此原判错误之点二。原判又谓本厅将房假扣押，限韩伯秋三年还足银一千两，逾期查封，饬交蒲庆昌管理。查聘之于蒲庆昌持有当契，尚将该房另当。今既涂销当契，万一乘隙，零碎当尽，债权者终归无着，此原判错误之点三。原判又谓,蒲庆昌对于韩聘之债权,乃对人担保,非对物担保。查韩聘之所借银三百六十五两,系借以取化龙桥房屋为眷房迁搬之用,何得云与韩绍徽房屋无干?且蒲庆昌加借银两,无非易抵当权为质权,庶足以保持债权之稳固。今以因取得质权,加借之银,虚限三年偿还,是使债务者超然事外,而债权者空悬无着。此原判错误之点四,云云。被控诉人未据提出正式答辩书。

控诉人提出论点及控诉代理人追加意旨,要不外对于原判错误之攻击,惟原判错误之点,不在对于韩聘之私立当契之涂销,而在对于控诉人所未告之韩伯秋,并为缺席判决。本案该控诉人与韩聘之所立当契,根本上有种种瑕疵,实难认为成立,列举于下:(一)此项产业,据控诉人及控诉代理人咸称,韩绍徽与韩聘之并未分产,质之韩聘之,暨讼诉参加人韩汝煃,供亦相同。是此项房业,控诉人及控诉代理人认定其为共有物,原属正确,但既知其为共有物,于立契时应得各共有者之同意,始为合法。乃查所立当契,仅系蒲庆昌与韩聘之私相授受,各共有者并未通知,此控诉理由不能成立者一。(二)据控诉人及控诉代理人所称意旨谓,此项契约发生,因系韩绍徽已故,恐前所欠债项无着,故易抵押权而为质权,庶足以保债权之稳固,其意思若无虚伪,则质权之契约成立,抵押权之契约即应解除,该蒲庆昌并未将韩绍徽借券揭还,仍系存留手中,显与所述意旨抵触,且此项当约成立后,蒲庆昌仍收过韩伯秋之银七百九十余两,如系韩伯秋履行韩绍徽之二千金债务,则该债务业据控诉人供述,已算入于韩聘之当业价内,若谓韩聘之所立当业契约,曾经由韩伯秋扶柩回黔时取消,则蒲庆昌嗣后,即不应以掯霸当业等情,对于韩聘之起诉。兹蒲庆昌竟对于韩伯秋一方之债务,仍系收受。又向韩聘之一方之质权意图行使,不啻以一种债务问人重复履行。按诸法理、习惯,均属不合,此控诉理由不能成立者二。(三)此项契约全系由私债构成,而契约又明批"并无私债货物准折"字样,其为虚伪意思所发生之行为，已可概见，此控诉理由不能成立者三。（四）韩伯秋扶柩回黔，该蒲庆昌如果欲贯彻此项契约之效力，即应三面交涉清楚，断不至缄默不言，反将其房腾还伯秋治丧之理，即谓以戚谊为重，丧事既毕，亦应索回管业，何以竟任韩伯秋自行处分，令聘之搬回居住，足见蒲庆昌对于本已所执当契，自知无效，早已默认取消，此控诉理由不能成立者四。有此四疵点，而该控诉人所主张当契不能涂消之第一理由及控诉代理人之第一论点、第四论点，均认为不能成立。惟原判韩聘之三年始还清该控诉人之银三百六十五两，期限过远，殊有未合，应饬令其从速辨济。该控诉人所称债权受损及控诉代理人之第三论点，自应免其置议。至控诉人不服理由中，所称韩绍徽之借项有借约为凭等情，暨控诉代理人所攻击原判之第二论点，乃系对于该厅就韩伯秋之债务所为之即时判决而发生。查诉讼通例，不告不理。本案该控诉人对于韩伯秋并未有状呈诉，韩伯秋对于其父所负之债务亦承认履行，其事实原属两造所不争，该厅竟以蒲庆昌与韩聘之因当业诉讼于韩伯秋不无关系，而并为即时判决。按诸诉讼程序实属违法，自应撤销。至韩汝煃参加论旨，系属化龙桥共有房业之轇轕，应候韩伯秋回黔，再行理论，如虑该房业或被韩聘之一人私当抵押，应饬地方审判厅出示保护，免致另生支节，特为判决如右。

中华民国三年三月二十四日

本厅民庭

审判长推事：徐承恩（印）

推　　　事：何光祖（印）

推　　　事：花　相（印）

书　记　官：陈　燊（印）

16. 贵州高等审判厅民事判决高字第二〇二号判决

上告人：班敏臣，贵阳人，年二十六岁，住竹林寨，务农。

被上告人：班仲华，贵阳人，年三十岁，住竹林寨，务农。

右上告人对于中华民国三年一月十日贵阳地方审判厅就该上告人与被上告人因界址涉讼案件所为第二审之判决，声明上告，经本厅审理，判决如左：

主文：原判决撤销。

本案发回贵阳地方审判厅更为审理，讼费纸币四元一角，两造平均分担。

理由：本案两造所争地点，据上告人供系以斜石墙为界（并绘图说明编有荆棘），斜石墙内系敏臣地，斜石墙外系仲华地，现时建筑槽门是在斜石墙内，并未占有仲华园土，质之被上告人供，此地系以直石墙为界，直石墙内为敏臣地，直石墙外为仲华地。至敏臣所称，斜石墙系早年建筑，屋宇余剩毛石堆在彼处，不能谓之为墙，只当以旧时直石墙为界。上告人现于直石墙外建筑槽门实为仲华之地，并据上告人声称，地审厅不予勘验，还行判决，实难甘服，质之被上告人，亦请求勘验，各等情。按双方所争界址供词各异，一称以直石墙为界，一称以斜石墙为界，是此案判断之基础，全在证明墙之有无斜直，及界址是否以斜石墙或直石墙为限。查初级审判厅原判事实内，仅浑言石墙内外，究竟是直石墙，抑系斜石墙，如果系指直石墙，究竟勘验时，于直石墙之外，有无斜石墙遗址，并荆棘界限，均未调查，明确逐行判决，殊有遗漏。迨该上告人声明控诉第二审衙门，仍不覆行勘验。既未叙明不必勘验之理由,又未寻出有力之证据,足以证明第一审不为事实之调查,遽予维持原判,是对于审查程序职权,亦有未尽。至该两造请求再行动验等情,本厅为终审衙门无审查事实之必要,惟本案裁判基础,既属含混,特撤销原判,仍发回贵阳地方审判厅详细调查,更为审判。爰判决如主文。

中华民国三年三月十二日

本厅民庭

审判长推事:徐承恩(印)

推　　　事:何光祖(印)

推　　　事:花　相(印)

书　记　官:陈　燊(印)

17. 贵州高等审判厅民事判决高字第二一一号判决

上告人:罗文廷,四川璧山县人,年二十四岁,寄住通衢街,龙裕顺栈,佣工。

被上告人:陶正兴,四川璧山县人,年六十岁,住札佐,业糟房。

右上告人对于中华民国三年一月十六日贵阳地方审判厅就上告人与陶正兴债项纠葛一案所为第二审之判决,声明上告,经本厅审理,判决如左:

主文:原判关于利金不令酌给之部分撤销,陶正兴除照原判缴还罗文廷借款、会款共二十七两五钱外,并酌还罗文廷利金十两;讼费纸币二元一角,责成陶正兴缴纳。

理由:上告人提出上告论点谓,陶正兴于前清光绪二十三年借得民父罗焕然银二十两,每月每两行息铜钱二百文,至今十六年应解利钱七十余串文;又欠民父会银十二两五钱,本利均未收获。陶正兴糟房生意甚佳,地方厅仅断还本,不断还利,民心实难甘服,质之被上告人供称,民欠伊父银两属实,但系远年债账。地方厅念民无力,判令免利还本,民无异言。今罗文廷又复上告民,惟有请求公判,云云。

查关于民事继续有效之《现行律》载:"凡私放钱债,年月虽多,不过一本一利"等语。其曰"一本一利"者,谓利金随本金为比例,其曰"不过"者,谓利金只能较本价酌减,不许较本价有增。推原立法本意,一方减轻债务者之负担,一方维持债权者之权利,无非杜无益争议,斟情酌理,以剂其平。本案上告人所放本银计二十两,年代经历十有六载之久,利钱积至七十余串之多,本利既甚相悬,按之现行法规,实无全偿子金之规定。惟陶正兴久居札佐营,业糟房,自非绝对无力者,可比原判认定事实,尚属明了,仅令偿本全免利银,亦有未合,本厅应即依据法理,另行判决。除会款十二两五钱讯明,连会息在内,仍饬照缴给还外,所有借款二十两,酌断另给利银十两,陶正兴共应缴银四十二两五钱,除罗文廷收过银五两外,陶正兴尚应缴银三十七两五钱,给罗文廷具领完案。至陶正兴供称,罗文廷昔年曾经收过银九两九钱五分,罗文廷供称,由川至黔旅费花用不少,请求饬令赔偿,各情迭经对质,均无实据,应无庸议,特为判决如主文。

中华民国三年三月七日

本厅民庭

审判长推事:徐承恩(印)

推　　事:何光祖(印)

推　　事:花　相(印)

书 记 官:陈　燊(印)

18. 贵州高等审判厅民事判决高字第二一四号判决

控诉人：徐士林，未到。

代理人：罗致平，遵义县人，年三十岁，住遵义县城，教员。

被控诉人：刘凤楼，四川人，年六十五岁，住大马槽，前清典史。

右控诉人对于中华民国三年一月一日遵义县就该控诉人与刘凤楼因债项轇轕案件所为第一审判决，声明控诉，经本厅审理，判决如左：

主文：本案控诉驳回。

讼费银圆九元，归徐士林负担。

事实：缘徐士林于前清光绪年间，迭次向刘凤楼借得银两，虽陆续付还，本息究未偿清。旋于光绪三十三年三月二十五日，刘凤楼与徐士林经凭文聚五等，在藩署南科房结算，除徐士林付还银数外，实下欠刘凤楼本银一百九十八两六钱二分，息银一十六两五钱，共合欠银二百一十五两一钱二分。徐士林当即亲立欠字、限字各一纸，交刘凤楼收执为据，并央文聚五担保，如限偿还。讵徐士林转回遵义，逾限尚未筹偿，嗣经文聚五函催，亦未答复。至本年。刘凤楼乃亲到遵义向徐士林追索前债，徐士林支吾不认，控经遵义县准理传讯，断令徐士林按照刘凤楼所执欠字、限字，立将二百一十五两如数清偿，刘凤楼因诉讼所生费用，饬徐士林缴给纸币三十五两，各具遵结完案。徐士林不服，控诉到厅，讯悉前情，应即判决。

理由：控诉人不服原判之理由，约分为三：（一）士林被刘凤楼大利盘剥，迫立二百一十五两欠字一纸，仍约以藩署俸款领字偿还，并未议定生银,原审竟判还生银二百一十五两;(二)士林虽欠刘凤楼债项二百一十五两,刘凤楼亦欠士林府绸湖绉价银八十两零三钱,是双方互立于债权者、债务者之地位,原审不援法律相杀,惟促林勒限偿银,刘则任其狡骗;(三)士林与刘凤楼涉讼,由刘之掩骗绸价,非由林不履行债务所致,原审不别曲直,判林赔偿刘凤楼旅费三十五两,又不饬刘赶萧明甫到案证明,反饬林赴赶。

被控诉人答辩之理由亦分为三:(一)借银之时,概系生银,虽以领款作还,原系实数实银,并无折扣虚数。如果伊得虚数,岂有令伊以实数生银,书借认利,伊肯承诺之理?(二)凤楼前获伊府绸九疋半,合价扣银七十一两二钱五分,又获伊湖绉一疋,合扣价银九两五钱,早经结算清白,始写立欠字,兹伊任意牵扯状词,先后矛盾,其蓄意骗债,已可概见;(三)徐士林当堂呈验簿据,供系萧明甫笔批,自应由伊赶明甫到案,徐士林捏造明甫笔批,情虚畏证对质,原审断伊赶证,并偿凤楼在遵羁留旅费,当无不合。

本厅查,债权债务之关系,均以契约上所载实数为凭。徐士林所立欠字载明,实欠银二百一十五两,自系实数,虽议定以藩署领款偿还,然必以扣得实数为准,断无以领款六呈虚数,偿人债项十呈实数之理,且借生银还生银,按照特定之约责偿,亦属债权通例。此控诉人曲而被控诉人直者一。查阅控诉代理人当庭呈验簿记,载光绪三十二年六月,刘凤楼取去花府绸九疋半,共议银七十一两二钱五分,又取湖绉一疋,议银九两五钱,复核被控诉人呈验欠约,系该控诉人于光绪三十三年三月亲立,交付绸绉在前,书立欠约在后,足证明绸价已经扣除,始行立约。而绸绉对于后立欠约,自无相杀问题,此控诉人曲而被控诉人直者二。查《各级审判厅试办章程》第八十四条载:"因诉讼人一面所生之费用,……致他人生留滞之费用者,……各责令本人补偿"等语。本案该控诉人欠债不偿,反以狡诈赖骗等情,呈诉遵义县审理,致该被控诉人旅店羁迟候案数月,始得完结。原审责令赔偿旅费纸币三十五两,自系依法办理。至该控诉人在原审衙门具限赶证,竟逾限未赶到案,亦属不合。此控诉人曲而被控诉人直者三。控诉既无理由请求,当然无效。爰为判决如主文。

中华民国三年五月六日

本厅民庭

审判长推事:徐承恩(印)

推　　　事:何光祖(印)

推　　　事:花　相(印)

书　记　官:陈　燊(印)

19. 贵州高等审判厅民事判决高字第一九三号判决

上告人:莫炳荣,贵阳人,年十五岁,学徒,住宅吉寨。

代理人:龚汉清,贵阳人,年二十七岁,营商,住红边门。

被上告人:丁芝轩,即同心协,未到。

被委任人:丁李氏,即丁芝轩妻,贵阳人,年四十五岁,住独狮子。

右上告人对于中华民国二年十二月十日贵阳地方审判厅就该上告人与被上告人因债项涉讼一案所为第二审之判决,声明上告,以本厅审理,判决如左:

主文:本案上告驳回

讼费二元一角,证人周百熙到庭费五角,均由莫炳荣负担,分别归公给领。

理由:上告人上告状暨上告代理人呈述不服理由据称,商人证据以簿为凭,该被上告人拨借去银两,虽无契约为证,不无簿记可稽,即索之稍迟,此债亦不能取消。况与该商之争点,只在翰记之账目,其莫炳荣所供之号,或为翰臣、翰泉不足为病,惟问其翰记为谁,翰记之账曾否偿还,云云。

被上告人之委任人丁李氏当庭答辩、供词据称,簿内所载收翰记银五十两,即付翰记银五十两,系是指族侄丁翰卿因是年冬月内本号急需开支,特向丁翰卿暂拨此项银两,不数日即以归还,请调阅丁翰卿之簿记与氏之簿记,查对有无此项借还银数,自可明了。况莫炳荣如果以银五十两借到氏家,断无不索一借字或一收条之理,纵不要借字、收条,本号中账目多系莫炳荣经手,于别项登记均用莫炳荣之名,则此项数目,亦未有不写莫炳荣,而独写翰记之理,云云。

据两造辩论意旨,则此案之争点,即以该簿内所载翰记究确系何人符号为解决问题。本厅查阅原审衙门诉讼记录,证人赵复生在原审衙门供称,此项银两确系丁翰卿暂借与丁芝轩,不数日还清属实。又调取丁翰卿簿记,与丁芝轩簿记查对年月日及数目,均属符合,并据证人周百熙供,亦相同,则该簿记内所载翰记银五十两之收付,确为丁翰卿符号无疑,莫炳荣毫无证据,辄冒翰记为己名,借词牵混,实属狡诈,原判委无不合,本案上告全无理由,应即驳回。爰判决如主文。

中华民国三年四月十日

本厅民庭

审判长推事:徐承恩(印)

推　　　事:何光祖(印)

推　　　事:花　相(印)

书　记　官:陈　桑(印)

20. 贵州高等审判厅民事判决高字第二一三号判决

上告人:僧宏明,贵阳县人,年六十岁,住大慈庵。

被上告人:柴赵氏,贵阳县人,年六十七岁,住太平桥,闲居。

右上告人对于中华民国三年二月二十六日贵阳地方审判厅就该上告人与被上告人因当业纠葛一案所为第二审之判决,声明上告,经本厅审理,判决如左:

主文:原判关于当价七十两内扣除十两之一部分撤销,仍照贵阳初级审判厅原判,饬令柴赵氏照契管业,年限满后由宏明照原当价备银七十两取赎,宏明去年估收之土租,应如数退还柴赵氏收领。

讼费三元一角,饬宏明负担。

理由:查该上告人第一、第二、第三论点约称,反正后人心惊惶,宏坤何敢当业修庙?柴赵氏又何敢以银当业?况庙产为公共之业,或当或卖,须求同意,宏坤对于此业不过三分之一,何能主其二,亦未知会首士、团甲及僧与师兄宏熙到场,等语。查当契内系列宏坤、宏熙之名,均各画押。据该僧在控诉审及本厅审讯时均供称,宏熙为正当家,宏坤为副当家,则非宏坤一人所能串当可知,且正、副当家按照习惯庙规,自有处分庙产之权。当日宏明既不在当家之列,无论曾否闻知,均无书名画押之必要?岂今日宏熙已死,宏坤因案监禁,该僧遂认为无效,而使善意占有者,失其权利耶?所当之银果否作修庙费用?该僧亦仅能向宏坤清问,与柴赵氏渺不相涉,此等上告理由,实不能成立。该上告人第四论点谓,宏坤素有不法行为,经前军警局勒令还俗有案,柴赵氏虽当业在先,宏坤犯法在后,然实系倒填年月所致,等语。查此案系因当业涉讼,宏坤平日是否不法,与本案毫无因果关系。据该上告人供称,僧宏熙系于上年八月物故,如谓宏坤所立当契,系倒填年月,则其后宏熙既死,又何能到场签名画押耶?该上告人第五论点谓,贵阳县发给执照由僧管理,今执照不为有效,官府可谓虚设,等语。查此土虽系出当与柴赵氏然,所有权依然属于该庙,将来年限满后,仍可赎回。贵阳县所给执照,与宏坤、宏熙、柴赵氏双方合意所结有效之契约,实属两不相妨,何得谓执照为无效?该上告人第六论点谓,柴赵氏得当此业,应列其子之名,何以隐子不报,妄称居孀,等语。查习惯,凡为人母者,对于其子依法得行使亲权,购置产业,亦无必列其子名之理。至谓孀居之有子者,不应称孀,此等情词,尤属乖谬已极,该厅原判委无不合。惟因周廷忠在贵阳初级审判厅供称,柴赵氏当业时,只交银六十两,尚欠十两,准宏明于取当时扣除。如果当日价未兑清,宏坤、宏熙岂肯任柴赵氏拖延,至二年之久,反听其收租一年之理?地方审判厅并未传案,质讯明确,仅据伊在初级厅所供一面无据之词,遽予主张,殊未允协。爰据以上理由,故判决如主文。

中华民国三年四月二十九日

本厅民庭

审判长推事:徐承恩(印)

推　　事:何光祖(印)

推　　事:花　相(印)

书 记 官:陈　燊(印)

21. 贵州高等审判厅民事判决高字第二一五号判决

上告人：叶兴发，贵阳县人，住箭道街，年六十六岁，木商。

被委任人：叶成之，即叶兴发子。

胡正熙，贵阳人，住卫坡，年二十八岁，贸易。

被上告人：彭俊臣，贵阳人，住南门外彭家巷，年六十六岁，闲居。

被委任人：彭陶氏，即彭俊臣妻。

右上告人对于中华民国三年一月十二日贵阳地方审判厅就上告人控诉恃横昧骗所为第二审之判决，声明上告，经本厅审理，判决如左：

主文：原判撤销。

彭陶氏限二个月内，速将所有房屋变卖，偿还叶兴发银三十两。叶兴发俟收银时，即应将彭俊臣借券、胡鹤龄房契分别退还。讼费二圆一角，应由彭陶氏缴纳。

理由：上告人上告状称，所借与彭俊臣之银，并非二十两，实系四十两，且每两按月行息二分，彭姓至今丝毫未付。地方厅又只判还民银二十两，不惟利息全倾，且亏血本之半，兼须待彭姓有力，或变卖房产时，方能实收此数。倘使彭姓永远无力，永不变卖其业，则民之债项，永远不能索回，似此判断，直使永无效力。至胡正熙之田契，当彭姓借银之时，伊父胡鹤龄既为凭中，复为代笔，且以其田契作抵，是民之银，虽为彭姓所借，然不啻为胡姓所借。如民将胡姓田契退还，是使本利未得，而早已失落债权，云云。

被上告人之委任人彭陶氏常庭答辩,意旨略称,此案业经地方审判厅断氏归还叶姓银二十两,必俟将来变卖房屋之时,氏并无不服。现在彭姓上告,即追此项银两,氏以针黹度日,实无力筹措,请求调查作主,云云。

查债权债务之发生,纯以契约为依据,故该契约之内容如何,即为裁判之基础。本案叶兴发借与彭俊臣之银四十两,既立有借字为据,复借胡鹤龄之业契作抵,物证分明,裁判上即不能不凭以为断,该地方厅原判乃以同一之事实,于借字则称或亦有之,于抵契则饬令各自交涉。不但词意模棱,即一事实之判断,亦不免自生歧异。按诸裁判通例,实属不合。至称酌断,彭陶氏承认叶兴发借项,俟将来变卖房屋或有力时,还银二十两等语,是不恤,反乎债权人之意思,而预期债务人之履行不能,遽以减数缓偿之权利,其判断不适用实体法,则尤为不当。该上告人之上告论旨,自应认为有理由,饬该被上告人限期辨济,以清轇轕。惟查被上告人所有之房屋,据两造供称仅值银三四十金,如按照契约主张债权者固得保护,无如债务者力实不逮,当庭质讯叶兴发子叶成之,自愿于原金内减收十两,为执行便利计,且出于当事人自由意思,固属可行,应饬彭陶氏于两个月内,迅将所有房屋变卖,除即时偿还叶姓银三十两外,如有赢余,即为该氏夫妇生活费用,以昭允协。特为改判如主文。

中华民国三年三月二十八日

本厅民庭

审判长推事:徐承恩(印)

推　　事:何光祖(印)

推　　事:花　相(印)

书 记 官:陈　燊(印)

22. 贵州高等审判厅民事判决高字第二四〇号判决

上告人:姜霖舒,修文县人,年四十二岁,住县属鸟栗寓后新街,业农。

被上告人:王华清,即王芹舫,未到。

代诉人:王云书,修文县人,年二十五岁,住修文县城,王华清之子,业商。

右上告人对于中华民国三年二月二十三日贵阳地方审判厅就该上告人与王华清因佃约涉讼一案所为第二审判决,声明上告,经本厅审理,判决如左:

主文:原判姜霖舒所立佃约,年限既满,仍应腾房返还姜霖舒管业,讼费纸币二元一角,归王华清负担。

理由:上告人上告意旨略谓,原判姜霖舒将其所有草房二间,酌中定价银五十两,卖与王华清,此后即归王华清所有一节,不无错误。窃民住乡间,抢劫时起,特屡次进城催王华清腾还民房,以备自住。况今五年期满,伊不照契约履行,致不能收回主权,民若愿将此房让渡与王华清,何至今犹期期讼争不已?况买卖行为,须彼此合意,按时合价,方昭平允。民房价值一百四五十两,仅断卖价五十两,且民亦非甘心出售,是以不服上诉,云云。

被上告人未依式提出答辩书,惟受本厅合法传唤,其子王云书到庭供称,民父华清昔年向姜霖舒佃得草房二间,后空地基一幅,议定五年为满,但闻说契是红纸写的,代笔系蒋玉斋,契上载明银无利、房无租等语。今所呈验契约是白纸写的,亦非蒋玉斋亲笔,民亦不与深究,只求照地方审判厅原判,民当庭缴银五十两与伊卖断就是,云云。

查原审判厅诉讼纪录,原审推事因此案姜霖舒呈出佃约系蒋玉斋代笔,当饬王华清克期赶蒋玉斋到庭,核对笔迹。据王华清供称,佃约是蒋玉斋代笔,民实赶他不来等语,是已承认姜霖舒呈出佃约为蒋玉斋亲笔无疑,且并无契是红纸载明银无利之供述,该代诉人何得改变原审确定事实,任情翻异。至借银买房一节,查买卖不动产通则,须当事人双方结合意之契约,一方移转其所有权,一方支付其价金,始生效力。本案系争房屋,被上告人虽愿借银买断,而上告人不愿将其所有权移转,自不能发生买卖问题,原审徒以买者一方之愿意,不详察卖者一方不愿,又未经鉴定该房时价究值多少,逐推定为五十两之价值,强予主张,实与上开通则不合。本此论断,自不得不认该上告人之上告为有理由,应将原判撤销,被上告人所佃上告人之房,五年期限既满,应即腾还上告人管业,以符原约,而绝讼藤。特为判决如主文。

中华民国三年四月二十五日

本厅民庭

审判长推事:徐承恩(印)

推　　事:何光祖(印)

推　　事:花　相(印)

书 记 官:陈　燊(印)

23. 贵州高等审判厅民事判决高字第二五一号判决

控诉人:郭朱氏,贵阳人,年四十八岁,住本城内西区。

代理人:熊兆,律师。

被控诉人:范玉屏,贵阳人,年七十三岁,住仓后街,闲居。

被委任人:徐宝章,贵阳人,年三十岁,住府前街,闲居。

右控诉人对于中华民国三年四月十二日贵阳地方审判厅就该控诉人因账目轇轕案件所为之判决,声明控告,经本厅审理,判决如左:

主文:原判范玉屏补给郭朱氏银水八十七两三钱八分之部分撤销,控诉人请求断给银三百八十四两四钱七分之部分驳回。

讼费银十三元九角,由郭朱氏缴纳。

事实:前清光绪三十三年九月郭木匠兴源,在范玉屏手领修贵州前臬司严姓住宅一所,宣统元年四月工竣,范玉屏一面与郭兴源结算木料,计合银一千四百九十三两九钱九分,九七扣合票银一千四百四十九两一钱七分,木匠工程计共八千三百八十二个,每工一钱八分,算合银一千五百零八两七钱六分,九七扣合票银一千四百六十三两五钱,付讫后,一面照数开具清折报明,严姓维时并无争执。宣统三年,郭兴源曾请龚炳荣担保,借得范玉屏银九两二钱,立一十两借券,议定每月行息一分,其银不拘远近归还。洎至本年郭兴源身故,殡殓无资,其妻朱氏即谓范玉屏尚欠有银两,前往索要,经李洪顺、刘恒昌劝,范玉屏在木店代朱氏耽承棺木银十六两息事,朱氏意犹不足,因以欺死昧骗等情,诉经贵阳地方审判厅判决,郭朱氏声明不服,来厅控诉,传集一干人证质讯,据供如左。

控诉人郭朱氏供,氏夫在时,修造严公馆,系由范玉屏经手,随后算账应补银三百八十几两,屡次催要,得过银九两二钱,氏夫死后,又仅耽承棺木银十六两,余均未还,反谓氏夫借过伊银十两,实属居心昧骗。

证人郭香亭供,民兄郭兴源承修严公馆,系民记账,每月报一次,交与范玉屏备查。原议工银每工每日一钱八分,至光绪三十四年八月,因米价昂贵,工银每人一日加银二分。又历来所支付之银,均系票银,并无折扣。宣统元年完工后,五月算账,范玉屏应补银七百八十几两,后经陆续收取,尚实欠银三百八十几两未付,民即出省,就事后闻民兄屡次催要,又先后收过银三十几两,本年民兄病故,民嫂前往追问,即不承认有欠账之事,谓以前各工价银,系每个一钱八分,所付银两是九七折扣,及民兄当日代付偏坡木料银一百几十两,亦系伊亲手支付,并工程又少算三百二十余个,反说民兄借有伊银十两等语,如果是真当日按月抄账,与伊阅时,何以全不指驳,且嗣后民兄屡次追问此账,又何以陆续付还,足见居心骗账是实。

证人熊玉廷供,修严公馆,民系做泥水工程,每个是一钱八分,总共做过三千多,工程至光绪三十四年八月,因为米贵,众工人请范玉屏,向严公馆要求,每工加银二分,后闻不允,民所做之工即未加价,至郭木匠工程每人加银二分,民亦未闻实有此事。

证人班树堂供,从前民与郭兴源在偏坡买蔡姓木料,共去银五十二两五钱,买成后,是民引蔡姓到范玉屏处兑银,至脚价银是郭兴源雇人搬运,开支若干并不知道。又在花仡佬盤井河所买木料,大约有一百八九十两之谱,搬运到省工价银七十两,是在陈铨盛铺内领取,其材料或抬至严公馆内,或抬至范玉屏处,均开有清单,交与郭兴源。所供是实。

被控诉委任人徐宝章供，范玉屏经手修理严公馆，郭木匠所做工程，原议每工每日银一钱八分，票银系九七折扣，不独木工如是，别项工人皆然。至每工每日加银二分，当时各工虽有是请求，严姓并未允诺，现有账簿可考，复有严姓手折为凭。又严姓共买木料去银一千四百九十几两，只有一千一百余两系郭兴源经手，此外之三百几两自范玉屏自行经手，故呈报严姓手折内，付买木料银系一千四百九十余两，支付郭兴源木料银仅一千一百十余两，即是此故。郭朱氏谓范玉屏尚欠有三百八十四两零之数，如有其事，郭兴源于宣统三年，断不至反向范姓借银十两，等语。

控诉代理人追加意旨书，提出论点，略有四端：郭兴源代修严姓房屋，与范玉屏缔结契约，其木工每名每日原议一钱八分，代购木料照实数开支，订约之次年，因米价昂贵，议定每名每工加银二分，载在簿记。若谓当时未予许可，何以每次结账，概不指驳，原判舍而不究，仅以范玉屏九七折扣不合为判断基础，此原判之不合者一。核对双方簿记，郭账中收范之数，较范账中为多，以此推测，显系范玉屏将所付之银少报，方与未加工价、九七折合二事相吻合，原判谓郭姓前后收范姓银两，及有无借用银两，并工程多少不符不计外，所有九七扣银，判令范姓补足一笔抹煞，此不合者二。范姓呈出郭兴源借伊之银十两借约一张，无中证，无代笔，范之所以为此者，意在证明未欠郭姓之银，不知借约以后，尚陆续付过郭姓之银十数两。况郭兴源死后，其妻郭朱氏向其索讨，已招付棺木银十六两，此二事乃范玉屏曾否欠郭姓之银之一铁证，原判亦不之察，此不合者三。郭兴源与严姓修房，范玉屏经手支付，则郭姓之相手方，范严二人一体，均有利害关系，地方厅以严姓呈出之手折为判案根据，此其尤为不合者四，云云。

理由：据两造提出论旨，查其紧要关键，即郭兴源代修严姓房屋之次年，每工每名是否加银二分，所作工程有无少算，购买木料去银若干,严姓发给各项银两有无九七折扣,范玉屏经手是否如数付讫,实为控诉人请求给银三百八十四两七钱七分之内容,亦即本案裁判之基础。查光绪三十四年,郭兴源为严姓建造住宅,每工每日议定价银一钱八分,次年各工人请求每日加银二分,未得严姓允许,有泥工熊玉延之证言可以共信,并阅严姓所呈手折,与范玉屏所呈簿记,均叙明每工每日一钱八分,足证明所称议定加银二分,实属不确,自应免议。又查严姓手折、范玉屏簿记均载明,本工八千三百八十二个,核与控诉人呈出细账,并无不合,惟于该簿粘单总结数内,浮出工程三百二十余个,全无簿记可稽,所称工程少算一层,显然不实。至购买木料,查范玉屏呈报严姓手折载,付去木料银一千四百九十余两,核与所呈簿记,除记明支付郭兴源所买之木料银一千一百十余两外,所有三百余金,自行经手买获木料之数目、价值若干,每笔均叙明范付,复查阅郭兴源簿记及粘单,所领获代买之木料银一千一百十余两,恰与范玉屏支付之数相符,并将该簿零星所付各木料细数核对,亦与一千一百十余两之数不差,惟于九月二十二日记有入陈铨盛来票银七十两正,旁注此银交班木匠手买木料,据郭香亭供称,即代付偏坡之木料银两,但证以班树堂供词,此银系付花仡佬盘井河所买木料银两、共偏坡木料银五十二两五钱,由范姓直接付与蔡姓,并查范玉屏账记不虚,足见该控诉人借词牵混,已属显然。纵谓此数系批偏坡抬价,然该簿内所买木料细账,其偏坡抬价已算入所领买之木料银一千一百十余两总数内,且再核该簿旁注,交班木匠银七十两之数,独无支出细账,尤属全无根据,所称系代付银两,实无充足理由。其他各工应领银两,据范玉屏呈报手折及其簿内登记,均系九七折扣。按之习惯,亦属常事,显见严姓系九七折扣发给,范玉屏即照数支付,并未丝毫染指。该范玉屏、郭兴源当日口头契约,又未对于发给工银,附加有不能折扣之条件,嗣后自不能别起争端。该控诉人及控诉代理人所提出理由,均认为不能成立,其请求自难主张。范玉屏所持郭兴源十两借券一纸,郭朱氏既不敢坚称为伪,本应责令付还,惟查核借券内并无偿还期限,实系随意契约,既未据范玉屏之委任人徐宝章请求,应勿庸议。其范玉屏耽承郭兴源棺木银十六两,当时未附有条件,其性质显属赠与,亦应免其置议。爰为判决如主文。

中华民国三年五月二十七日

本厅民庭

审判长推事:徐承恩(印)

推　　事:何光祖(印)

推　　事:花　相(印)

书 记 官:陈　燊(印)

24. 贵州高等审判厅民事判决高字第二六〇号判决

控诉人:蒋尚勋,盘县人,年五十二岁,住瑞祥旅馆,业商。

被控诉人:项秉镃,盘县人,年四十五岁,业商。

王国铭,盘县人,年三十二岁,业商。

吴德培,盘县人,未到。

右控诉人对于中华民国三年四月九日盘县就控诉人与被控诉人等因三善堂公产轇轕涉讼一案所为第一审之缺席判决,声明控诉,经本厅审理,判决如左:

主文:本案控诉驳回,该控诉人当价五百两,应向原审衙门请求执行。

被控诉人对于控诉人追索三善堂田地二份之附带控诉,未经第一审审判,应由原审衙门,更为判决。

讼费纸币十三元九角,应由蒋尚勋负担。

事实:前清光绪二十八年至三十年间,盘县官绅,议设三善堂,以励苦节、振单寒、储财用为宗旨,经前任李知事大椿、祖章先后各捐廉一百金为倡,并札饬各绅团,具领印簿,分往城乡募捐,前后计颁发印簿四十八本,约共捐挂银一千八百余金,及利济仓谷三百六十石,又以捐获之银五百两,得当入平街铺房,又有施入隔下米淌田地二份,约值银三百余两,其募捐印薄,除缴呈二本外,余四十六本均未缴呈。前后三善堂出入各款,亦未禀报官厅有案。至光绪三十四年,张鸣鹿、黄应龙、郭光焘、吕正经、张友栋等,因师范学堂款项支绌,日本教习薪资无出,乃公禀该县前任胡知事,准其将三善堂公款拨归师范学堂开支，并札饬张友栋、吕正经、蒋尚勋遵照办理。张友栋等爰将三善堂铺房、田地变价，其铺房先系当与胡定邦，得价银五百两，继又为蒋尚勋转当入手。三善堂首士项秉镃等，遂以藉学渔利等情，上控提学使及督抚，均批仰盘县查实呈复，案经数任未结，至现任盘县蒋知事集案审讯，蒋尚勋不候判决，来厅朦控，调卷查明，当经饬即回县候讯，并令饬盘县妥速查案讯结，盘县遵照集讯，蒋尚勋复藉故延不到案，盘县乃因被控告人吴德培等，当堂申请结案，添传关系人郭光焘到案，宣告缺席判决，判令平街铺面仍归三善堂聚首士经管，蒋尚勋当价五百金亦不使其无着，饬向亏款挪款之办学绅首张鸣鹿等五人，共同协商偿还此数，蒋尚勋不服，声明控诉，讯悉前情，应即认为确定事实。

理由：本案控诉人意旨略称，张鸣鹿、黄应龙、郭光焘、吕正经、张友栋等，为创办师范学堂之绅首，亦为创始经理三善堂之首人。现吕正经、郭光焘因办学亏空，已至倾家荡产，张鸣鹿虽当学堂总理，其实无人读书，黄应龙狡黠异常，挪款系伊主谋，今又与王国铭等串成一局，尚勋有何权力，能自向其协商偿还，势有不能，直使尚勋坐受损失，当价终归无着，心万弗甘，云云。

被控诉人意旨略称，盘县原判只判令蒋尚勋退还得当三善堂之铺房，而蒋尚勋冒称三善堂首士，私卖三善堂田地二份，未判令取还，其享受三善堂权利六七年，亦未追赔，秉镃等已在盘县声明不服，伏乞查核，附带讯究，云云。

查该控诉人提出意旨，全属执行上之问题，于自己利益上，不能再有争点。原判对于该控诉人之当价五百两，既不使其无着，则当价一日不收回，即当业一日不交出，银业收付之通例，无待烦言。且原审衙门宣判时，到案之郭光焘明知为切身之利害关系，既无异议可以申述，及宣判后，该郭光焘与张鸣鹿等，亦未据提出对抗之理由，则无论如何协商、如何偿还，自必以该控诉人当价有着为结果，如果虑三善堂首士之一方急欲取回原业,张鸣鹿等之一方不免意存推卸,仅可向原审衙门,切实申诉,请求执行,况该控诉人并未向张鸣鹿等共同协商,徒称当价不能偿还,殊属臆揣,其理由自不能成立。至被控诉人请求讯追三善堂田地一节,查原审衙门卷宗,该县宣告缺席判决之时,该项秉镒、王国铭均未到案,而到案之吴德培,亦未提出证据,请求并予判决。兹据当庭附带请求,本厅对于未经第一审判决之部分,依法不能并为判决,自应发回原审衙门更为第一审审判。爰据以上理由,判决如主文。

中华民国三年六月十日

本厅民庭

审判长推事:徐承恩(印)

推　　事:何光祖(印)

推　　事:花　相(印)

书 记 官:陈　燊(印)

25. 贵州高等审判厅民事判决高字第二七〇号判决

控诉人:许泰隆,未到案。

右代理人:刘芷园,贵阳县人,年四十岁,住普定街,业商。

被控诉人:谢子臣,贵阳县人,年二十余岁,住南门月城,业商。

袁守愚,病故。

袁邓氏,即袁守愚之妻,未到案。

右代理人:龙瑞田,贵阳县人,年三十四岁,住赵家巷,业商。

右控诉人对于中华民国三年四月十六日贵阳地方审判厅就控诉人与谢子臣等因买卖绝业涉讼一案所为第一审之判决,声明控诉,经本厅审理,判决如左:

主文:原判卖价,除还陈刘氏所欠甘竹波银壹百两、文正兴银八十两之部分撤销,其他控诉之部分驳回。

许泰隆前交合同银六十两,仍饬照数发还。

袁守愚承买此项绝业,既经原审判厅认可,应即颁给执照。

谢子臣擅收袁守愚买价四百一十两,照数勒缴归公,由公提出银六十两,酌给绝业原主陈三和尚、悟泉碑墓、香灯费用。

讼费纸币十四元,谢子臣应缴八元,许泰隆、袁守愚应各缴三元。

事实:陈三和尚早年寡居乏嗣,因将其所受南门月城房业二间,带往南门外波罗寺为尼僧,旋于前清同治年间,招谢陈氏之女为徒,取名悟泉,时甫三岁,自幼及长,师徒均甚相安。迨光绪二十九年,陈三和尚物故,所遗房业归悟泉承受,因恐业契遗失,遂交其姑母金谢氏代为保存,历年佃租均由悟泉自行收用,旋因波罗寺朽坏难居,复移住龙里寺内。至民国元年九月,悟泉病故,又未招有尼徒,其亲戚金少轩、来华堂等,乃出而代收房租银二十八两,料理悟泉丧葬,惟其房业无主,至民国三年一月内,有陈刘氏者,因与陈三和尚谊属妯娌,自谓应主卖伊业,乃向金姓索取业契,卖与许泰隆为业,议价二百六十两,先交付合同银六十两,旋有悟泉胞弟谢子臣,闻知其事,乃报经内南区,饬令陈刘氏缴契入公,未几陈刘氏病故,谢字臣又于本年三月内,私将此业卖与袁守愚,书契兑价,得收房价银四百一十两,许泰隆不平,自谓此业已经书立合同,买卖已定,袁守愚不应加价争买,诉经贵阳地方审判厅集讯,判令悟泉所遗此项绝业,陈刘氏、谢子臣均无主卖权,由官厅拍卖与袁守愚,买价四百一十两,除谢子臣已付陈刘氏所欠甘竹波银一百两、文正兴银八十两,又除陈三和尚香灯碑记银五十两外,余银一百八十两,饬谢子臣如数呈缴归公,宣告判决,许泰隆不服,声明控诉本厅,讯悉前情,应即认为确定事实。

理由:控诉人提出论点有七,综括要旨略称,民买业在先,又属善意,不似被控诉人串抬虚价,于契书正价三百两外,又批付某某银若干,且照原审判厅估勘之价,民之买价实为正当,并与陈刘氏合同早定,与绝业何干?请传甘竹波、来华堂等为证,所有民买房之情由,以及被控诉人等账目之真假,可以讯问而知,云云。

被控诉人谢子臣答辩意旨,佛界徒受师业,与儒教子受父业,同为惯例。民姊悟泉死后,陈刘氏何能冒充陈三和尚本家,主卖伊业,致来华堂等从中渔利,惟民系悟泉胞弟,尚可代悟泉师徒,变卖伊业,虽售与袁守愚得价四百一十两,除用席三次,请街邻到台书契,及代陈三和尚偿还各债,所遗不过数十金,仅可作该僧师徒及陈氏祖先祭扫香灯、立碑之用。原审官迫令呈缴余数一百八十金,民因势迫,当庭具限呈缴。今许泰隆既先上诉,乞公判,云云。

被控诉代理人龙瑞田答辩意旨，袁守愚未故时，与谢子臣得买此业，去银四百一十两，实系价明契足，已蒙地方审判厅仍拍卖与袁姓管业，求作主，云云。

查现行法例，不动产所有人死亡时，若无应继之人，其先占之权利，专属于国库。又无法律上之原因，因他人之给付或其他方法受利益，致他人受损失者，负归还其利益之义务。本案悟泉所遗南门月城房业，受之于师，无徒承受，又无如何处置此项房业之遗嘱，悟泉既死，其业当然无主，原审判厅认为，绝业归公，委无不合。控诉代理人坚称不为绝业，不过谓陈刘氏为陈三和尚亲族，所立合同应为有效，不知陈三和尚出家为尼，已脱离亲族关系，陈刘氏纵为其亲族，而对于陈三和尚遗业，实不能认为有处分权，即已书契兑价亦属无效，况仅立合同，何能为据？至买业之先后，房价之轩轾，尤不能发生问题。此控诉之理由，殊不成立。被控诉人谢子臣，虽系悟泉胞弟，究亦无处分悟泉遗产之权，辄将伊房售价四百一十两，实属不当利得。据称除代还陈和尚各债及支付卖业席价外，所余不过数十金，等语。查陈三和尚物故，今已整十有余年，如果负有债务，则当陈三和尚生前及悟泉相继管业时，何不闻债主向索，且债项以借券为凭。如果还债不虚，何以并无借券呈验，其称代还文正兴银八十两，显系空言搪塞，虽呈有甘竹波借券一纸，详加查阅，殊滋疑窦，将谓系陈刘氏债务耶，则借券明系陈五舅公为其嫂陈三和尚写立；将谓系陈三和尚债务耶，则借券立于光绪三十一年，写明陈五舅公借银系因其嫂病故需用，及环质两造及证人金少先等，佥称陈三和尚死于光绪三十年左右，矧其银数之不符，抵业之不明，尤足证其为伪造。本应移刑庭问拟，惟据谢子臣供称，此券系甘竹波交出，甘竹波现经出省，暂无庸议。至置房席价，普通习惯，均由得业人负担，谢子臣引为本己开支，尤属虚捏。此被控诉人答辩意旨，其理由实不能成立。原判不加查考，据谢子臣一面之词，竟将所称付还甘竹波银一百两、文正兴银八十两滥予主张,殊属错误,本厅应即将此部分撤销。至许泰隆街邻,在原审判厅呈缴合同银六十两,仍发还许泰隆具领。袁守愚承买此项绝业,既经原审判厅认可,应一面饬谢子臣迅将所收房价四百一十两呈缴归公,一面传已故袁守愚之妻袁邓氏到厅领给执照,以凭管业。惟陈三和尚及悟泉实为此项绝业原主,据证人金少先、来华堂请求酌给银两,以为修墓立碑及香灯等费用。查金少先、来华堂,与已故陈三和尚悟泉均属戚谊,所请亦系实情,应准于归公项下,酌提银六十两,发由金少先、来华堂代为妥办,以顺舆情而重公款。本案讼费纸币十四元,应饬败诉人谢子臣负担八元,许泰隆、袁守愚争买无主之业,虽无恶意,亦有过失,应饬各负担三元,以昭平允。爰据以上理由,判决如主文。

右件在本厅为控诉审,查系本年五月三十一日以前未结之案,应遵司法部电示,暂以独任审判,行之并记。

中华民国三年七月一日

本厅民庭

审判长推事:徐承恩(印)

书　记　官:陈　檠(印)

26. 贵州高等审判厅民事判决高字第二九一号判决

上告人:刘锦兴,贵阳县人,年四十岁,住黑石头,业商。

杨德发,江西人,年四十四岁,住黑石头,业商。

右代理人:何乃清,律师。

被上告人:王香山,贵阳县人,年四十六岁,住南京街,业商。

谢鉴清,贵阳人,年四十岁,住广东街,业商。

右上告人对于中华民国三年六月一日贵阳地方审判厅就该上告人与被上告人因会项担保涉讼一案所为第二审之判决,声明上告,经本厅审理,判决如左:

主文:原判撤销。

刘锦兴所上首会王香山、二会谢鉴清、三会熊德鑫,共银五十八两二钱;杨德发所上首会王香山、二会谢鉴清,共银四十七两四钱。熊德鑫既经避匿,应责成连环保人王香山、谢鉴清,共同照数填还。

讼费纸币三元一角,归王香山、谢鉴鑑清,平均分数。

理由:上告人上告意旨略称,前清宣统二年二月,王香山、谢鉴清、熊德鑫,共同组织春秋会。一局王香山接首会,谢鉴清接二会,熊德鑫接三会,总会簿载明,首二三会连环保,散子各邀各保。不意上至宣统三年八月,第四会会首无力履行,会局势将瓦解。会首三人亦未将此会内容,令民等知之。旋值反正,省城秩序紊乱,未及过问,嗣向王香山理论,一味支吾,声称会已当众砍断。查会章惯例,会既解散,应由会首召集会友,全体画押,始为有效。王香山以熊德鑫逃匿无质,即以砍会为搪塞,殊不知会首三人连环互保,按律应负连带责任,兼有德鑫由赣来函为凭,王香山等何得卸责,而第一审、第二审不按理由,任意颠倒,民实不服,用是上告,云云。

上告代理人补呈意旨略谓:(一)原判谓,杨德发所呈总会簿,谢鉴清、熊德鑫两页未盖图记,证以会章、会例,填会人岂肯承认纳银?又谓书本装订松散,的系扯去数页。又谓该控诉人不于熊德鑫在黔时起诉,待数年后,始持无用会簿讨债,实属不合,各等语。按照会规,会簿之盖图记与否,主权归诸会首,会友从不过问,一旦以谢熊两页未盖图记,即谓填会人不肯承认纳银,此种判语实无依据,贸然以本会章程、普通惯例证之,诚不可解。书本装订松散,由手民之不注意。集讯时并不能指出某页与某页差异,徒以的系扯去,斥控诉人,何能强为铁证?熊德鑫倒闭后,昼伏夜行,其家属尚不知去向,而责锦兴、德发知情,强词夺理,公道何以能彰?(二)按照会规,遇会有中断时,会首须召集全体,经众许可画押,总分会簿,登时涂销。由性质上研究,会首立于债务地位,散子立于债权地位,会果中断,则会簿应归债务者之手。今总分会簿,均由刘锦兴、杨德发缴出,显见会首关系尚未脱离,且熊德鑫由赣函称,至三会已停止,未言砍断。当成立时,所结契约,会首系连环担保,按律应同负责任,云云。

被上告人未据依法提出答辩书,惟据当庭供称,首会香山、二会鉴清、三会熊德鑫,连环互保属实,但此会业于宣统三年砍断,并有砍会字据,载明于总会簿内,今已被刘锦兴等扯去,且未盖图记之两页,亦系刘锦兴等伪造,已蒙初级地方审判厅见明,求公断,云云。查关于债务上担保之方法,遇不能提存金钱或有价证券与设定抵当权及质权时,得以保证人为担保。若二人以上共同担保债务,约定各独立任清偿之责,是为连带债务人,债权者向连带债务人之一人,均可随时请求给付,此债务担保之定则也。本案据上告人在第一审呈验总会簿载明:"此会首二三会连环保,散子各邀各保。如有跟盖不清,惟担保人填还,不得异言推诿"等语。且王香山于前清宣统二年二月十六日接首会,系谢鉴清、熊德鑫担保;谢鉴清于宣统二年八月十六日接二会，系王香山、熊德鑫担保；熊德鑫于宣统三年二月十六日接三会，系王香山、谢鉴清担保；均各登记总会簿上，嗣因熊德鑫避债逃匿，上告人会银无着，始向担保人王香山、谢鉴清为给付之请求。按之该会章程及约会惯例，委无不合。迨公开辩论，据王香山、谢鉴清供称，会首三人实系连环担保，其责任已极分明，地审厅不揣其本，徒以会簿谢、熊接会两页，未盖担保图记，遂断为不能承认纳银，此等理由，殊属欠缺。在被上告人亦知担保不能卸责，乃复根据原判“会簿装订松散，的系扯去数页”二语，辄称未盖图记之两页，系上告人等伪造；会簿上载有砍会字据，系上告人等扯去，其藉口会经砍断，脱离担保，捏饰非不甚工，无如所供如果不虚，即已发生刑事问题，实究虚坐，岂容假借？详加研鞫，旋据王香山、谢鉴清对于会簿上扯去数页及另有伪造之疑点，不敢诬执，并呈具自白状，求在民庭断结，应免发交地审厅刑庭问拟。至王香山在第一审呈出熊德鑫砍会欠字一纸，意欲藉为砍会后不能担保之证明，及环质双方当事人均称，砍会之议在宣统三年八月以后，而此项砍会欠字，系立于宣统二年九月年月，先后倒置，显系捏造，希图抵赖。第一审竟受欺蒙，认为真据。第二审亦复置之不问，殊不可解。惟此点为事实问题，又为上告人状词所不争，除将欠字涂销，仍附第一审原卷外，姑免置议，依上论结，初级地方审判厅原判，均属无理擅断，上告代理人之主张，自不得不谓为有理由，本厅应将原判撤销，另行判决，饬王香山、谢鉴清按照刘锦兴、杨德发各人上出会银，如数填还。爰判决如主文。

中华民国三年七月三十一日

本厅民庭

审判长推事：徐承恩（印）

推　　事：花　相（印）

推　　事：闵永濂（印）

书 记 官：陈　燊（印）

民事决定

1. 贵州高等审判厅民事决定高字第七〇号决定

控诉人:詹石氏,清镇县人,年六十八岁,住乾沟,孀居。

被控诉人:石竹青,清镇县人,三十三岁,住乾沟,务农。

右控诉人对于中华民国二年四月二十七日,清镇县就该民呈诉冒宗虎霸案件所为第一审之判决声明控诉,经本厅调卷传讯,决定如左:

主文:本案控诉驳回,原卷发还清镇县,查照执行。

理由:前据该控诉人,以石竹青冒宗霸产、枉断失平等情,控诉到厅,当经行查去后,旋据清镇县罗知事呈称,卷查前清光绪七八年间,谭、周两前县任内,据清二甲民妇詹石氏同侄石秀山,先后以冒宗霸产等词,具告石生才到案,集讯未决。据城绅毛夒堂从中说息,令将控争田业三股均分,詹石氏管理一股,余二股归石生才、石老四等管理,两造出具息结在卷。至宣统元年,李前县任内,又据石广玉、詹老大补控到案,传讯未决。据该甲团族石生华等具呈恳息,并称所控之业均应归石竹青、石广玉管理,惟水碾一所,因詹石氏年老,众断归其安管收食,殁后仍归石竹青经管。两造又各具息结在卷。及民国元年,汪前县任内,又据詹石氏以前情续诉石竹青等到案,讯得詹石氏生父兄弟三人,均故乏嗣,亲支石竹青已承继该氏生父为子,所有产业应归石竹青经管。该氏出嫁詹姓,有子奉养,不能永霸外家之业,姑念年老,令将碾房暂作该氏养膳,俟其身故,碾房仍归石姓原主管理,判决在卷。[罗]知事到任,该詹石氏同子詹云昌,复以冒宗等情补诉石竹青前来,当准传讯,并检察汪前县所判,尚属公允,惟念该氏家寒,饬石竹青于该氏身故后,帮助银五十两,以作葬费,饬仍照汪令原判判决,均各遵依具结在案等因,具覆前来。查《修正各级审判厅试办章程》第六十一条、第六十五条及补订章程第五条但书之规定,此案自清镇县罗知事终局判决之日,迄该氏上诉之期,除行程期限外,已逾三十余日,法定期限既已经过,原判即为确定,又无障碍可以声明,逾期上诉,何能许可。况据该氏在县,具有遵断切结,足见对于原判并无不服。至水碾一所,该县断归詹石氏暂管,俟该氏亡后,由石竹青出银五十两为安葬该氏之费,仍将碾房赎回,是原判对于该氏权利,并非不予主张,何得以迭经遵结之案,逾期朦控,希图翻异,本厅因念该氏系属女流,不谙法律,昨特传唤到庭,详加开导,俾晓然于诉讼程序之不容稍紊。至该氏一再请求缺席判决等情,查该被上诉人逾期不案,先因身有重病,继因遭母死意外之事变,延不到案,查明有因,且该氏逾期上诉,该被上诉人实无到案之必要,既非具备缺席判决之要件,其请求何能认为正当?清镇县第一审判决确定之效力,仍应亟予维持,原卷发还清镇县查照执行。爰为决定如主文。

本案经高等检察厅检察官官麟莅庭,执行检察职务。

中华民国二年十一月三十日

本厅民庭

审判长推事:徐承恩(印)

推　　事:何光祖(印)

推　　事:花　相(印)

书 记 官:杨锡桓(印)

2. 贵州高等审判厅民事决定高字第一三〇号决定

控诉人：李世荣，年三十五岁，织金县人，住州属怀忠里一甲。

被控诉人：李荣昌、周德隆、李远谟。

右控诉人对于中华民国二年九月一日织金县就套当措霸案所为第一审之判决声明控诉，经本厅调查，决定如左：

主文：本案控诉驳回，原卷发还平远州，妥速集讯判决。

理由：本案前据该控诉人，于九月二十二日以屈断押买等情，控诉到厅，未据照章填写原审衙门判词及原判日期，业经批驳在案，旋据该控诉人状称，织金县知事于九月一日传案，堂示"当契揭交，当价作罢"，无有判词等语。当经行文，调取卷宗去后，兹据该县呈送本案原卷前来，详加查阅，该知事七月内审讯大略内称，两造因田业轇轕，各怀奸心，两属不合，惟查验契内列有原引中证之人，应饬李世荣具限，四日内，赶齐一干人证到案，质讯明确，再行判决等，由该李世荣八月二十八日领结，亦有堂讯未结，领回契据，候复讯呈阅等语。该控诉人不候复讯，辄捏称该县九月一日判决，无有判词，希图准理，岂知原卷具在，一经调阅，无可欺饰。凡第一审未经判决之案，本厅照章不能审理，本案控诉应行驳回，原卷发还原审衙门，迅速传集人证，秉公研鞫，依法判决，如判决后不服，准予法定期间内，呈由原审衙门提起控诉，本厅再予核办。特为决定如主文。

中华民国二年十二月十九日

本厅民庭

审判长推事:徐承恩(印)

推　　事:何光祖(印)

推　　事:花　相(印)

书 记 官:杨锡桓(印)

3. 贵州高等审判厅民事决定高字第一四六号决定

控诉人：黄尽臣，贵阳人，年三十九岁，住三道坎，闲居

被控诉人：王玉堂，贵阳人，年三十九岁，住簸陇寨，务农

右控诉人对于中华民国二年七月二十五日贵阳地方审判厅就黄成金呈诉伪造诈欺案件所为第一审之判决声明控诉，经本厅刑庭审理认为，独立私诉移由本厅民庭审理，决定如左：

主文：本案控诉人请求返还原业或田价二百八十五两六钱之部分，发交原地方审判厅民庭，更为第一审判决。

理由：此案因控诉人不服贵阳地方审判厅刑庭第一审判决，控经本厅刑庭审理讯明，控诉人系不服私诉判决，并无刑事问题，援照《司法公报》第十期载大理院私诉判决锡光告王禄平毁祖茔一案，认本案控诉人请求之点为独立私诉，特移归民庭审理，当经集讯，据黄尽臣供称，王玉堂将其窑上关、鱼梁河、大冲等田卖与尽臣管业，付去买价二百八十五两六钱，内有二百两系扣除前日借项，二十两系向黄成金抵借得来，价足契明，有刘子明及伊故兄王采芝等为证据，王玉堂供称，并无卖田与黄尽臣之事，伊所呈新老契，系玉堂前托伊，介绍卖田与杨义顺时，被伊留存田契，私自照誊，其实窑上关、鱼梁河等田，已卖与谭锦超。今伊又串同刘子明来朦控，求详查，质之刘子明，供与黄尽臣同。杨义顺子荣清供，民父义顺并未托过黄尽臣买田，黄尽臣亦未介绍向王玉堂买田，既无买卖关系，王姓田契何能出看，各等语。供词各执，应即审查契据及人证之真伪，以为判断基础。惟查第一审刑庭判词，对于黄尽臣所执买价二百八十五两六

钱之田契,谓已发现伪造诈欺情事,按律科罪,复援赦除免。虽经赦免,究竟所免之罪应科与否,仍属刑事范围,兹经本厅刑庭将该诉讼人请求断给原业或田价二百八十五两六钱之部分,改归民庭审理,是认为独立之私诉,当然不受公诉结果之拘束,其私诉仍得继续进行,但本厅对于此案之私诉为第二审,虽有审查事实之权,然未经过民事第一审,终不能以第二审之审级,行第一审之审判,且当事人诉权所系,尤难曲予通融,应将该诉讼人请求断给原业或田价二百八十五两六钱之部分,发交地方审判厅民庭依法为第一审之判决,该案诉讼人等,仍可依法为诉讼行为。特为决定如主文。

中华民国二年十月二十九日

本厅民庭

审判长推事:徐承恩(印)

推　　　事:何光祖(印)

推　　　事:邓良焘(印)

书　记　官:杨锡桓(印)

4. 贵州高等审判厅民事决定高字第一六〇号决定

控诉人:王松林,清镇县人,年二十岁,住清镇兴隆街,学生。

被控诉人:戴锡铭,清镇县人,年十三岁。

右代诉人:欧纬堂,清镇县人,年五十岁,县署行政科书记。

右控诉人对于中华民国二年十月二十四日清镇县就该控诉人与戴锡铭因田业涉讼一案所为第一审之判决声明控诉,经本厅审理决定如左:

主文:本案以未经判决之案论,发远清镇县重行审判。

理由:查阅卷宗,本案控经清镇县丁知事,于二年十月二十四日集讯,判令王厚仁(即王松林之父)仍遵汪前县所判,备银赎田了案,未赎此案之前,花谷仍归戴锡铭经收,等语。及查汪前县审理此案情形,系于民国元年九月二十三日开第一次审讯,谕令候查询代笔邓子贞,再行复讯。九月二十六日,开第二次审讯,邓子贞未据到案,双方亦无供词,并无备银赎田之堂判。后任罗知事赓续审讯,未结移交,后任丁知事判谕如前。详阅双方原状,王仁厚诉称,昔年此田出当与戴锡铭,除在上手当主伦姓赎业,去银四十两外,实得当价五十六两。戴锡铭诉称,昔年得买此田,实去买价一百八十两,各等语。查已经公布之《民事诉讼律》管辖第二条及《各省城商埠各级审判厅筹办事宜》管辖各条之规定,本厅对于该案为终审,事实、法律不厌求详,当传双方到庭讯问,据供各与原状相同,并据王松林呈验粮票,以为昔年买田之证,自愿收原价一百八十两,听其赎取,两词各执,均由原判“饬遵汪前县所判备银赎业”一语,全无根据,本应撤销另判。惟查司法部第一百八十二号训令内开:“凡遇各该县判决提起上诉之案件,应先调查原判是否合法,如有以堂论代判词,或其判词不依法定方式作成,不依法定程序宣示者,以未经判决之案论,送还各该县重行审判”等语。除将粮票买契,当堂发还外,应将原卷发还该清镇县,重行审讯,依法判决,该双方仍可依法为诉讼行为。特为决定如主文。

中华民国三年二月二十六日

本厅民庭

审判长推事:徐承恩(印)

推　　事:何光祖(印)

推　　事:花　相(印)

书 记 官:陈　燊(印)

5. 贵州高等审判厅民事决定高字第二三四号决定

控诉人:邹益清,遵义县人,年四十岁,住龙坪场,贸易。

控诉代理人:熊兆,律师。

被控诉人:熊玉兴,遵义县人,年七十五岁,住东堡,务农。

被控诉代理人:余大绳,律师。

右控诉人对于中华民国三年二月二十一日遵义县就该控诉人等因债项轇轕案件所为第一审之判决声明控诉,经本厅决定如左:

主文:原堂谕撤销,本案发回遵义县重行审判。

理由:本厅于民国二年八月转行司法部第一百八十二号训令内开,"凡遇各该县判决提起之案件,应先调查原判是否合法,如有堂谕代判词,或其判词不依法定方式作成,不依法定程序宣示者,以未经判决之案论,送还各该县重行审判"等语。调查本件原审卷宗,该案于本年二月二十一日集讯,双方供词均未录取附卷,所为堂谕既未详叙事实之何如,即难推定判断理由之安在,草率定谳,实不能认为合法,应即撤销原堂谕,将本案原卷宗发还该遵义县,克期重行审判,依法送达正式判词。当事人如有不服,仍可依法为讼诉行为。至控诉代理人声请,不必发还再审之处,情节虽有可原,但为法定程序所限,自难曲予通融。爰为决定如主文。

中华民国三年六月三日

本厅民庭

审判长推事:徐承恩(印)

推　　　事:何光祖(印)
推　　　事:花　相(印)
书　记　官:陈　燊(印)

6. 贵州高等审判厅民事决定高字第二四五号决定

抗告人:刘伯简,贵阳人,年三十一岁,住一品坊,法政学生

右抗告人于中华民国三年四月十五日对于贵阳地方审判厅就该抗告人被诉异姓乱宗案件所为之审讯声明抗告,经本厅决定如左:

主文:本件抗告驳回。

理由:本案据抗告人提出不服论点有八,查第三至第八论点均系判决上之内容,非判决外之决定或命令,显违诉讼程序,应毋庸议。其第一、第二论点略称,地方厅初讯此案时为鲁厅长,后改派吴推事代理等语。查鲁厅长只兼充刑庭庭长,此案为民事诉讼,该地方审判厅民庭推事计三人,何以放弃职权,径由该厅刑庭长自为审讯,此中有无特别原因,殊难索解。惟抗告案件,必须呈由原审判衙门或原审判长,先行裁判,以期速结。若认抗告为有理由,应更正原裁判;若认为不合法或无理由,应添具意见书,将抗告事件送由直接上级审判衙门裁判,此一定之诉讼程序,无可逾越。该抗告人不依程序办理,辄行来厅抗告,自不能认为合法,应即驳回。特为决定如主文。

中华民国三年四月十八日

本厅民庭

审判长推事:徐承恩(印)

推　　事:何光祖(印)

推　　事:花　相(印)

书 记 官:陈　燊(印)

7. 贵州高等审判厅民事决定高字第二五六号决定

抗告人:蒲庆昌,贵阳县人年,六十岁,住小井坎,业商

右抗告人对于中华民国三年四月一日贵阳地方审判厅就该抗告人与韩伯秋等对于担保债权之不动产讼争一案所为却下之批词,声明抗告,经本厅调查决定如左:

主文:原批词撤销,本案应由贵阳地方审判厅受理。

理由:抗告意旨略称,民因不谙法律,故在地方厅起诉未列韩伯秋之名,彼时以不告不理为原则,何以又断伯秋偿民银一千两?兹另行起诉,一再均以伯秋在京为词。查《民事诉讼律草案》第二十一条之规定,乃司法部公布通行。据此请求,非出例外,且韩聘之现占民抵当权之屋中,若再迁延,将来聘之必以潜移手段,消灭民抵当权之目的物,反复思维,惟有迫恳仁厅明白指示,应于何等法庭起诉,以便祇遵,庶免难驳,云云。

原审判厅对于本案抗告意旨略称,前据蒲庆昌以银业两悬等情诉韩伯秋一案,当交民庭核办,据该庭以被诉人韩伯秋现寓北京,非管辖所能及,迭经批饬却下在案,兹复据蒲庆昌不服抗告,理合检查原卷及讼费状纸并呈核办,云云。

查中华民国元年四月七日,大总统批准暂行援用之《民事诉讼律草案》关于管辖各节,第二十一条"对同一被告,因债权涉讼,并牵及担保此债权之不动产物权者,得合并于不动产所在地之审判衙门行之"。本案蒲庆昌与韩伯秋因债权涉讼,并牵及担保此债权之不动产物权,被告韩伯秋虽现寓北京,而其担保债权之不动产,固在贵

阳新城内化龙桥。该蒲庆昌于被诉人不动产所在地请求审理,尚无不合,何得以非管辖所能及一语,为却下之理由。就令着手审理时,该厅认为非韩伯秋到案不能讯明,仅可传谕该被告族人,限期函知韩伯秋到案质讯,韩伯秋如果因职务拘束,遽难到案,亦尽许照章委任代诉,此均该厅对于本案应尽之职权,未能正当行使,遽将其呈诉批驳,实不得不谓为违法,合将原批词撤销。本案应由原地方审判厅受理,依法为第一审审判,特为决定如主文。

中华民国三年五月八日

本厅民庭

审判长推事:徐承恩(印)

推　　事:何光祖(印)

推　　事:花　相(印)

书 记 官:陈　燊(印)

8. 贵州高等审判厅民事决定高字第二六三号决定

抗告人:刘伯简,贵阳人,住一品坊,年三十二岁,法政学生。

右抗告人对于中华民国三年四月十日贵阳地方审判厅就该抗告人与刘纪先及李刘氏等因承继分产涉讼一案所为决定,声明抗告,经本厅调查决定如左:

主文:本案抗告驳回。

原决定刘服佑所承受之产业,责成刘泽远、刘泽厚代为保护之部分撤销。

理由:本案抗告人提出论点有六:(一)贵筑县无判决,不可捏造;(二)刘泽远等无善意,不能充后见人;(三)生乃血抱之子,不必勒令归宗;(四)生实同父经商,不能来湮灭;(五)刘泽远等原案无名,不能出庭;(六)未虐待弱弟,不可乱诬。该决定书于此各点,显然不顾,心实不甘等语。查本案原决定是否合法,以前清贵筑县对于本案是否已经判决,为先决问题。按《法院编制法》及《《各级审判厅试办章程》》,除法令有特别规定之条项外,本于未设审判厅地方,不能适用,故暂时行使司法权之县知事,审判民事案件,当然不受其拘束。对于当事人之诉求,为本案之判断,其在编制法及试办章程,自应以判决形式宣告,而在县知事,则其判断,得自为终局判决与否,要视所判之对于当事人争点有无结束以为断,大理院决定民事案,已有先例。卷查前清贵筑县本案卷宗,据刘泽远等于宣统二年四月十四日禀称,生故兄泽沛在日,函称愿捐银二万两培修祠堂,经凭亲友公议,佥云今有遗腹子,不能如函所言,兹今出银二千两修祠，异姓之子懋政、路保各给银二千两另居，以免后来轇轕等语。即日堂谕云，刘传氏既无亲生之子，理应凭族择昭穆相当承继为嗣，方为正办，乃私行以异姓之子为子，其意何居，现在妾已生子，宗祧可延，该族凭亲友所议各节，尚属公允。即饬再凭戚族，酌议妥贴，禀覆核结。旋据刘泽远、刘泽厚、刘懋官、李刘氏等，请集亲友街邻公议，令刘傅氏出银二千两，修造清平家祠，出银五百两送李刘氏建坊，均由吴文芳交兑。至私引之子，律有明条，应还本宗。因怜傅氏年衰多病，不忍遽离，议令暂同居住，俟归宗日仍照前议之数给予。其所遗本银一万两，当凭亲友交与吴文芳经管生息，作抚孤家用，不得妄动本银。刘泽远当即据实禀复，恳求存案，而刘姓戚邻夏廷燮、文明钰、乐家荃、孙毓岱、唐寿轩、彭义兴、程宝林、陈湛英等，同时亦以前情公呈，并据称私引之子，例有明条，因傅氏抚养多年，不忍遽然分别，特原情公议，暂缓时日，将来还宗，应如何赒恤银数，仍由该族人等酌量给予，公恳核结立案等情。该县于五月十六日批云"养子虽不能承嗣，亦应酌分财产。既经理息，准如禀立案，勿再滋讼"等语。该县批所谓"酌分财产"，自以该刘姓族人等前议，给懋政、路保各银二千两之数为准，其谓"如禀立案，勿再滋讼"二语，核与该县堂谕，饬凭戚族酌议妥贴，禀复核结之判断，始终贯彻，尤为对于当事人争点，业有终局判断之一大结束。贵阳地方审判厅对于本案依据一事不再理之原则，仍照前清贵筑县判结原案办理，尚属正当。该抗告人第一论点，其理由殊不能成立。前清贵筑县断结本案之问题，既经解决，该抗告人第三至第六论点，均系攻击原决定，说明县判之理由，自无辩论之余地，应予驳回。惟第二论点谓，刘泽远等无善意，不能充后见人一节。查前清贵筑县卷内，仅饬刘泽远等凭族戚酌议，并未责成刘泽远等，代刘福佑保护财产，原审判厅对于确定案件，不予完全查照执行，竟又略为变更，实属不合，应将原决定责成刘泽远、刘泽厚，代福佑保护财产之部分撤销，以维持前贵筑县判决确定之效力。至刘泽远、刘泽厚有无善意,既未代刘福佑实行保护财产,应毋庸议。爰为决定如主文。

中华民国三年六月四日
本厅民庭
审判长推事:徐承恩(印)
推　　　事:何光祖(印)
推　　　事:花　相(印)
书　记　官:陈　粲(印)

9. 贵州高等审判厅民事决定高字第二六七号决定

抗告人：何明拱，遵义县人，年五十八岁，务农。

王月斋，遵义县人，年五十八岁，务农。

右列抗告人对于中华民国三年五月七日就该抗告人等与曹兴庸等因买业涉讼所为第一审之判决声明抗告，经本厅决定如左：

主文：本案抗告驳回。

理由：查《各级审判厅试办章程》第五十八条"凡不服审判厅之决定、命令，依法于该管上级审判厅上诉者，曰抗告"。此案据遵义县于本年五月七日复讯，判令何明拱即相廷偿银八十两，王月斋偿银五十三两，均免退业，并令取保限期缴银完案等语。是已经该县第一审终局之判决，与决定及命令不同，该民等如有不服，声明控诉，自应照章抄录判词，呈由原审衙门转送。兹据声明抗告，核与诉讼程序不合，本厅碍难主张，故决定如主文。

中华民国三年五月二十七日

本厅民庭

审判长推事：徐承恩（印）

推　　事：何光祖（印）

推　　事：花　相（印）

书 记 官：陈　燊（印）

10. 贵州高等审判厅民事决定高字第二六九号决定

声请人:骆全氏

代理人:余大绳律师

右声请人对于中华民国三年三月二十七日贵阳地方审判厅就骆勋臣呈诉离婚案件所为第一审之判决,现经确定声明障碍,呈由原审判厅转呈核办,经本厅调查决定如左:

主文:本件声请驳回。

理由:据声请人称,高审厅批饬由地方审厅转呈,系阴历三月十二日即阳历四月七日,氏先于阴历三月初十日,被氏夫与恶子等朋殴暗伤甚重,竟不能行,睡至阴历三月十五日,氏伤始愈,控经地方检察厅,验系自伤,以致生出种种障碍,云云。代理人陈述意旨略称,骆全氏障碍不虚,控地方检察厅验伤、预审有案,请调卷查阅自明,云云。

据控诉离婚人骆勋臣称,全氏不守妇道,诉经地审厅判决离婚,全氏因苛索不遂,屡来民家滋闹,民父子并无殴伤全氏情事,伊反藉故将民等拖累,求详查,云云。

查本案,骆全氏声明障碍,基源于受其夫殴伤,致逾期始能上诉,是障碍之有无虚伪,当以殴伤之是否属实为断。调阅贵阳地方检察厅骆全氏控案卷宗,载有四月六日验单称:“验得骆全氏左额角,有磁碗片划伤三条,第一条约长三分,第二条约长四分,第五条约长五分,均皮破血出。左后肋、右后胁,各有钱刮伤一处,微破粗皮,按不坚硬,余验无故”等语,并以案经预审验明,并无殴打伤痕,明白批示在案，足见该骆全氏因被殴受伤之障碍，全属虚伪，显与回复原状之条件不合，逾期上诉，于法不能许可。该案如果具备再审条件，例如新发见可受利益之书状，并证明前判决时，非因自己过失，不能提出者，自可依法向原审衙门，请求再审。本件声明，殊难认为有理由，应即驳回。特为决定如主文。

中华民国三年七月一日

本厅民庭

审判长推事：徐承恩（印）

推　　事：花　相（印）

书 记 官：陈　燊（印）

参与本案决定推事何光祖，现因奉委出省，故不及署名盖章，审判长推事徐承恩并记（印）

刑 事 判 决

1. 贵州高等审判厅刑事判决高字第三五号判决

被告人:任小狗,定番县人,年二十五岁,住摆金。

右被告人因伤害其妻致死案,经定番县缉获审拟,呈报本厅,覆判如左:

主文:原判撤销,任小狗改处一等有期徒刑十二年,并褫夺公权全部十三年。

事实:任小狗自幼聘定傅祥生之妹傅春云为妻,接娶过门,生有一女,素本和睦。民国元年十一月二十九日夜,任小狗出外碾米回家,见重门洞开,任傅氏亦未在屋,怒其放任。迨任傅氏归来,任小狗将其责骂,任傅氏不服回詈,任小狗即行抓殴,傅氏走避,至小狗之胞姐张任氏家。十二月十一日,张任氏送其归家,任小狗仍复责骂,傅氏回詈如故,小狗益怒,随手拿地上木棒打去,适中偏左倒地,任小狗认为泼蛮,重复打伤该氏偏右头颅两处,张任氏上前喝阻,任小狗即行住手,延医调治。十二月十六日,该氏因伤身死,尸兄傅祥生具诉于定番县,诣验明确,将任小狗缉获,与傅祥生、张任氏对质,自供前情不讳,判将任小狗拟处一等有期徒刑十五年,呈由高等检察厅转送覆判。

理由:查任小狗责骂其妻之原因,为其放弃家政,此乃户主职权所当然。迨任傅氏不服回詈,绳诸妇道,未免有亏,因而激怒,其夫加以殴打,是任小狗殴妻之行为,虽属粗暴,尚觉情有可原。况其下手之时,并无必将傅氏致死之意思,故一经喝阻,即行住手,并为延医调治,尤可见其心之在惩责,而不在戕其生命也。但该犯虽非有意将其妻致死，然殴打实属危险性质，是任小狗之所为，仍应依法制裁，该县依《暂行新刑律》第三百十三条第一款之规定科刑，并无不合，特十五年之刑期，未免过长。又未依据第三百三十一条科以从刑，故本厅撤销原判，更为判决如主文。

右案应以本厅为第二审，照章并记。

中华民国二年五月十日

本厅刑庭

审判长推事：林名正（印）

推　　事：赵希岳（印）

推　　事：董　正（印）

书 记 官：聂汝骅（印）

2. 贵州高等审判厅刑事判决高字第四〇号判决

被告人：孟有四，独山县人，年四十六岁，住新寨。

右被告人因强奸孟杨氏案，经独山县审拟，呈报本厅，覆判如左：

主文：孟有四处一等有期徒刑十三年，并褫夺公权全部终身。

事实：孟有四，平素游荡，无业。民国二年三月二十五日，该犯知孟邦英往孟王氏家，看病守夜，其妻孟杨氏在楼独宿，遂欲乘机奸淫，待至三更时候，该犯至孟邦英家，缘壁而上，由灶房越过楼头，见孟杨氏睡熟，乘其未醒，上床按住行奸，孟杨氏惊觉声问，孟有四不答，孟杨氏大声喊叫，孟有四将该氏衣服急塞其口，挣持再三，实已奸污而未终，孟杨氏极力摆脱，孟有四恐有人捉拿，急由楼上窗户跳出，正值孟邦英、孟邦昌等归来，该犯足甫履地，即被拿获，意为盗窃，经孟杨氏告知前情，乃扭交团首孟钦典，解县请究，该县讯供不讳，依律议拟，呈由高等检察厅转送覆判。

理由：据右事实，孟有四与孟杨氏同寨同族，稔知孟邦英出外守夜，孟杨氏一人独宿楼上，起意乘机往奸，是为强奸罪之起因。迨由灶房越至楼上，窥见孟杨氏睡熟，无抗拒能力，即登其床按住行奸，是为强奸罪之着手。孟杨氏惊醒喊叫，该犯急以衣服塞孟杨氏之口，实行奸污，是为强奸罪之既遂。原判依《暂行新刑律》第二百八十六条规定，按照第二百八十五条之例，宣告一等有期徒刑十三年，并依同律第二百九十五条之规定，褫夺第四十六条所列公权全部终身，尚属允协应，予维持其效力。特判决如主文。

右案应以本厅为第二审,照章并记。

中华民国二年六月二十七日

本厅刑庭

审判长推事:林名正(印)

推　　事:董　正(印)

推　　事:赵希岳(印)

书 记 官:聂汝骅(印)

3. 贵州高等审判厅刑事判决高字第四二号判决

被告人:周小七,独山县人,年二十三岁,下力。

右被告人因杀人自首案,经独山县审拟,呈报本厅,覆判如左:

主文:原判撤销,周小七杀人之所为,处以一等有期徒刑十年,并褫夺所有公权全部资格十五年。其赌博之所为,处以罚金十元,并执行之。凶刀供弃,免追。

事实:周小七与何钰,素识无嫌。民国元年八月十八日,何钰邀周小七与广西人郑花脸,在沙坝掷骰赌钱,系何钰放头,周小七输钱四百文,限是晚偿还,届时何钰向其索要,周小七央缓不允,即推何钰一掌,转身便走,何钰已酒醉,大为愤怒,拔出所带小刀,随后赶去,至拢场沙坝,将周小七抓住,周小七夺刀过手,戳伤何钰咽喉接连项颈倒地,当即丢弃凶刀逃逸,移时何钰之兄何大寻弟不获,行至该处,见已杀死在地,不知凶犯为谁,遂同其母何张氏报县请究,次早周小七自首到县,询供前情不讳,依律议拟,呈请高等检察厅转送覆判。

理由:据右事实,周小七杀死何钰之所为,应成立《暂行新刑律》第三百十一条之杀人罪,原判认为伤害罪,依第三百十三条处断,未免错误。查周小七被何钰抓扭,不能不夺其所执之刀,此固势所必至。迨刀既夺得,已无危险,非有回刺之必要,乃直中要害,不稍顾忌其杀人之决心,当时甚为狠恶。及何钰中伤倒地,该犯亦即逃逸,是否登时毙命,不得而知,原判因之遂将周小七,依第三百十三条处断,不思杀人与伤害人致死之区别,不以登时毙命为标准,而以手段为根据。如伤非要害,或不深重,未必至死,而竟以致死者,是伤害罪也。故与杀人罪有间,而科罪遂轻一等。如伤中要害情形甚重,虽欲不死而不可得者,是无论登时毙命与否,均应科以杀人之刑,情罪乃为相当。本案周小七之杀何钰,系直戳喉部,经该县验明,气嗓已断,则何钰虽欲稍延时日不可得矣,即此一端。该犯之杀人罪,已完全成立,况何大于何钰出门未久之际,前往寻觅,即见杀死在地,安得谓非登时毙命乎。此本厅所以撤销原判,而依第三百十一条处断也。但其自首虽在何张氏报案之后,然彼时尚不知凶犯为谁,仍应以未发觉论。按照第五十一条之规定,于所犯死刑、无期徒刑、一等有期徒刑之主刑上予减一等为无期徒刑或二等以上有期徒刑,于此范围内,处以一等有期徒刑十年,并依第三百三十一条、第四十六条褫夺该犯所有公权全部资格十五年。至该犯赌博,另为一种罪名,不能为杀人罪所吸收,应照第二十三条之规定,各科其刑,原判对于此点,竟未论罪,殊属疏漏,本厅特为补充判决,依第二百七十六条,科以罚金。惟该犯系以苦力度日,资财甚薄,故定为最少之额,期与法理相应。爰判决如主文。

右案应以本厅为第二审,照章并记。

中华民国二年七月二十六日

本厅刑庭

审判长推事:林名正(印)

推　　事:赵希岳(印)

推　　事:董　正(印)

书 记 官:聂汝骅(印)

4. 贵州高等审判厅刑事判决高字第四六号判决

被告人：张全有，铜仁县人，年十七岁，住郭公坡。

右被告人因伤害人致死案，经铜仁县缉获，审拟呈报，本厅覆判如左：

主文：原判撤销，张全有处以二等有期徒刑八年，并褫夺公权全部资格十年。

事实：张全有在郭公坡溪边，开设油房水碾。前清宣统三年六月十二日，周焕廷持刀负网，至溪边捕鱼，将张全有碾上堵水闸板放开，以致碾车不转，张全有查看责骂，周焕廷不服，拔出身带尖刀戳去，张全有闪侧，用手内镰刀扎伤周焕廷左眉、右眼角、右手腕等处，刀尖并划伤周之右手第五指，乘势夺刀过手，周焕廷俯身向左拾石，张全有恐致吃亏，即用夺得之刀戳伤周焕廷右腋肷、右乳，周焕廷扑拢，抓住张之鬓辫，按下夺刀，张全有年幼力弱，恐夺刀过手，不能抵抗，一时情急，复用刀戳伤周焕廷肚腹倒地。证人张德祥时在田耕秧，见其互斗，赶至喝阻，张全有见周焕廷伤重，立即逃逸，张德祥报知周焕廷之父周代华，将其抬回医治，不效越日身死，具诉于铜仁县，诣验明白，签差查拿。民国二年，将该犯张全有缉获到案，与尸亲、证人等质讯，据供前情不讳，该县依律议拟，呈由高等检察厅转送覆判。

理由：查张全有杀伤周焕廷致死之所为，合于新刑律第三百十三条第一款之罪，应处无期徒刑，惟查该犯现年十七岁，推之杀伤周焕廷，时在前清宣统三年，其年仅十五岁，实属未达成年，应照第五十条减等,原判并未见及此,其当撤销者一也。该犯及证人口供均谓,周焕廷首先持刀戳杀,该犯畏其侵害,始以镰刀还击,伤周右腕,乘势夺刀过手,设此时间,周焕廷不再争持,必无被该犯杀伤要害,致戕身命之事,是张全有特对于现在不正之侵害而防卫过当,与纯全以犯意伤人者不同,亦应照第十五条减等,此原判当撤销者二也。赦令第三款关于犯第三百十三条第一款之罪而致人死者,不准援免。该县乃请将张全有应得罪刑,援赦免除,殊属不合。此原判当撤销者三也。依此理由,原判全行撤销,由本厅另下判决。张全有所犯第三百十三条之罪,于最重主刑上照第五十条及第十五条规定,各减一等为二等至四等有期徒刑,于此范围内处以二等有期徒刑八年,并依第三百三十一条得褫夺公权规定,褫夺其第四十六条所列公权全部十年。判决如主文。

右案应以本厅为第二审,照章并记。

中华民国二年五月十五日

本厅刑庭

审判长推事:林名正(印)

推　　事:赵希岳(印)

推　　事:董　正(印)

书 记 官:聂汝骅(印)

5. 贵州高等审判厅刑事判决高字第五一号判决

被告人:赵喜白,毕节县人,三十八岁,移居清镇县。

右被告人因略诱赵九英、赵四妹俱发案,经清镇县讯拟,呈报本厅,覆判如左:

主文:原判撤销,赵喜白略诱赵九英营利得财之所为,处以无期徒刑;其略诱赵四妹意图营利之所为,处以一等有期徒刑十二年,执行无期徒刑,并褫夺其公权全部资格终身。所得赵闰发身价银十二两,追给原主具领。逸犯获日另结。

事实:赵喜白,向由毕节,移居清镇。民国元年七月内,该犯央托张娃,向赵谢氏借屋居住。因见其女赵九英,遂起意略诱嫁卖,稔知羊场坝赵闰发要娶妻室,诳称有堂妹九英,尚未许人,若出银十二两即嫁卖与伊,闰发应允。十二月二十九日,赵喜白随向赵谢氏捏称,央请赵九英同其妻,至小红岩筛米,许给工银四钱,即于是日前往,行至羊场坝,该犯遂将九英交与赵闰发,获银十二两而回,赵九英旋即知被略卖,不依哭闹,赵闰发询悉情由,正欲送团报案,即被九英之母赵谢氏等寻获报县。又该犯曾闻张小石元说及,有赵福林者曾将其女,口许为婚,尚未媒定,旋探知赵福林将女许字谢九三为室,择期迎娶,起意讹诈,抢夺嫁卖,遂邀集在逃之陈河青、罗贵青往抢,维时张小石元外贸,未知此情。民国二年一月四日清晨,赵喜白与陈河青等分携刀棒,同至赵福林家,将赵四妹估抢拉走,行至羊场坝,捏称四妹系其侄女,携回毕节放人,寄宿杨洪顺家,洪顺不知,遂亦应允,正欲嫁卖,即被赵福林访获,报县请究,赵喜白逃逸。二十二日,将该犯获案,讯悉前情,认为连续犯罪纵一重处断,又未将赵闰发等讯明,有无预谋收受情事,呈报本厅,驳令再审,现据更正呈报,按照指驳各款,讯明议拟,呈由高等检察厅转送覆判。

理由:据右事实,赵喜白略诱女子赵九英嫁卖得赃,又略诱女子赵四妹意图营利,旬日之间,竟至两犯,同时俱发,应依第二十三条各科其刑。查该犯略诱赵九英,已经嫁卖与人,幸赵闰发一经九英哭闹,即欲送团举发,并不强迫,不然则九英早已被污矣,是该犯对于此案之犯行,情节甚重,应依《暂行新刑律》第三百五十一条,处以无期徒刑。其略诱赵四妹,亦意图营利,然嫁卖未成,虽律文无已否嫁卖之分,而比较上似不如前案情节之重,独是该犯下手略诱之时,系纠人估将赵四妹拉走,行为实属强暴,仍依本条处以一等有期徒刑十二年,按照第二十三条第二款之规定,执行无期徒刑,并依第三百五十六条,褫夺所有第四十六条左列公权全部资格终身。原判认为一罪,并未分别科断,亦未依第二十三条左列各款,定应执行之刑,均不合法,是以撤销原判,另为判决。赵闰发讯无预谋收受情事,应不为罪。所出身价银十二两,向赵喜白追还给领。余犯获日另结。判决如主文。

右案应以本厅为第二审,照章并记。

中华民国二年八月二十日

本厅刑庭

审判长推事:林名正(印)

推　　　事:赵希岳(印)

推　　　事:董　正(印)

书　记　官:聂汝骅(印)

6. 贵州高等审判厅刑事判决高字第五五号判决

被告人：陆毛三，都匀县人，住丙午寨。

罗老二，同上。

罗老三，同上。

罗老四，住落汤寨。

陆耀奇，同上。

右被告人因殴杀陆双有身死案，经都匀县审拟，具报本厅，覆判如左：

主文：原判撤销，陆毛三改处三等有期徒刑四年，褫夺公权全部六年。罗老二、罗老三、罗老四，宣告无罪。陆耀奇，获日另结。

事实：陆双有，向充独山县川硐团勇，反正后，潜至都匀县地面，散放飘布。民国元年正月内，至陆毛三家散给勇巴，每张取价五钱，诳以接收后，无人敢欺等言。迨陆毛三受惑承领，乃变言要银伍两，适值公口取销，陆毛三不肯给银，陆双有挟忿而去。是年三月三日，复来诬指陆毛三与嫂通奸，吊搕得银二两陆，毛三报明区团向追，益怀忿恨。八日，陆双有令人诳称，约毛三至团长处理讲。九日。陆毛三邀同罗老二、罗老三、罗老四同往赴约，行至落汤寨陆耀奇家门首，陆双有已预伏在内，持标杀出，罗老二，罗老四骇奔得脱，罗老三奔避不及，左臂被伤，夺刀、夺标过手回戳，中伤陆双有左胯、右腿等处，陆双有尚在争夺，陆毛三见罗老三受伤甚重，恐不能敌，顺拾板凳格救，适伤左太阳倒地，旋即身死。尸父陆本儒报经前都匀县诣验，缉获罗老三、陆毛三到案，因罗老三伤重，保外医调逃匿，弋获无期，将该犯陆毛三依《暂行新刑律》第三百十六条，以共同正犯论，并按照第五十四条之规定,于第三百十三条本刑一等有期徒刑上,减一等处二等有期徒刑六年,呈由高等检察厅,转送覆判。

理由:此案陆双有放飘勒银,及诬奸吊搕,种种不法,经陆毛三报区追究,犹不知悔惧,乃复设计诱杀,怙恶不悛,显非善类。当是之时,罗老三因陆毛三邀约前往排解,原属善意,乃忽遭陆双有戳伤左臂,始夺标过手还刺,此其防卫不为过当,应照刑律第十五条之规定,宣告无罪。陆毛三屡受陆双有搕索,不能抗抵,迨闻诳约理论,欣然约人前往,原欲急于剖白,不意陆双有预伏杀机,迎头截击,被约同来之人如罗老二、罗老四幸早已奔避矣,而罗老三适为所伤,安忍坐视其死,是陆毛三之持凳格救,与罗老三之夺标回戳,同为情不得已,势所必至。但罗老三既已夺标过手,陆双有左胯、右腿亦已受伤,虽彼此尚在争持,而角斗之力已减,该陆毛三尚恐罗老三受伤不敌,击伤陆双有太阳要害致死,究属过当,应照第十五条但书之规定,于所犯第三百十三条第一款之本刑,减二等为二等至四等有期徒刑。查该犯对于陆双有本属理直,况出于防卫第三者之权利,其情尤为可原,应酌中处以三等有期徒刑四年,并依第三百三十一条之规定,褫夺其第四十六条所列公权全部六年。至罗老二、罗老四,既无犯意,亦无罪行,应宣告无罪。陆耀奇获日另结。陆双有放飘吊搕之所为,罪有应得,已死免议。爰判决如主文。

右案应以本厅为第二审,照章并记。

中华民国二年五月十七日

本厅刑庭

审判长推事:林名正(印)

推　　　事:赵希岳(印)

推　　　事:董　正(印)

书　记　官:聂汝骅(印)

7. 贵州高等审判厅刑事判决高字第六五号判决

被告人:杨五,即杨正秀,思县人,年二十一岁,住晓溢寨,耕田。

右被告人因防卫过当拒伤人致死自首案,经思县审讯,拟报本厅,覆判如左:

主文:原判撤销,杨五防卫过当之所为,处以三等有期徒刑四年,其殴伤杨四之所为,处以四等有期徒刑二年,定执行刑期为五年,并褫夺公权全部资格六年。逸犯获日另结。

事实:杨五系杨大、杨四之弟,因争产不睦。民国元年六月,杨五迁至谢锡林厢房另居。七月内,各往舒家吊丧,弟兄会遇,说起家务,遂口角争殴。杨四持刀欲杀,杨五用板凳遮搪,误伤杨四头部,杨四声称必将杨五治死方休,经人劝散,杨五乃到万家坪,央请堂叔杨满八等说和服礼。杨满八等于八月二十五日到晓溢寨,因杨五住屋狭隘,暂于谢锡林仓内安宿,杨五又请团甲杨通爵等约于二十七日理处,是日杨五备办酒饭,凭亲族团邻,与杨大、杨四服礼,讵杨四等届时均不到来,杨通爵当众说明,异日劝和了事各散。二十八日近晚,突有多人各执器械,声称捉拿杨五,杨五以为杨四纠人杀害,随携标刀出外奔逃,杨昌先等随后跟追,将至河边,见无去路,反身用标抵御,戳伤杨昌先左胳膊、左胁倒地,杨五乃沿河逃逸。初杨四不赴亲族理剖,即往驻扎邛水步兵第一营沈营长处,捏报杨五为著名巨匪,令饬镇远属瓦寨团首杨荣昌率丁查拿,即二十八日跟追该犯者也。杨五不知逮捕情由,以致拒伤杨昌先,移时身死,自行报案,前任江知事勘验押候质讯,因杨荣昌等屡关不到未结卸事,现任李知事安鼎,复催请镇远县差提,杨荣昌等远逃无踪,先将犯证等提集研讯,各供前情无异,依律议拟,呈请高等检察厅转送覆判。

理由:据右事实,杨五与杨四因争家务口角,殴伤杨四头部之所为,据该犯供称,因杨四持刀欲杀,将凳抵御,以致误伤等语。查族邻杨满八、谢锡林等供,杨五与杨四口角争殴,误伤杨四,并未言杨四带刀,则杨五所称明系狡避,应依《暂行新刑律》第三百十三条第三款之规定,处以四等有期徒刑二年。其伤害杨昌先身死之所为,亦犯本条第一款之罪,惟查杨四不赴团邻理剖,辄往军营捏报,致令派团往拿,杨五平日既不为盗,当然不知有团丁往拿之事,而惟记杨四有必欲将伊治死之言,是以对于团丁之追捕,直认为杨四之纠合,而加伊以不正之侵害,然犹畏惧,持标逃避,不敢抵御,该杨昌先复在后穷追,杨五因大河前横无路可走,始反身抵拒,将杨昌先戳伤,此乃出于防卫自己之权利,然昌先移时身死,究不免于过当,合依同律第十五条但书之规定,于所犯第三百十三条第一款之罪,予减本刑二等为二等至四等有期徒刑,于此范围内处以三等有期徒刑四年;按照第二十三条第三款之规定,于二刑合并之刑期六年以下,其中最长之刑期四年以上,定执行刑期为五年,并依第三百三十一条得褫夺公权之规定,褫夺全部资格六年。凶器无存免追。原判于此部分未依第十五条规定予以减等利益,而伤害杨四一罪又未分别并科,均属不合,故将其撤销,另为判决如主文。

右案应以本厅为第二审,照章并记。

中华民国二年七月十九日

本厅刑庭

审判长推事:林名正(印)

推　　事:董　正(印)

推　　事:赵希岳(印)

书 记 官:聂汝骅(印)

8. 贵州高等审判厅刑事判决高字第八九号判决

被告人：杨老顺，思县人，年三十二岁，住岩屋口，务农。

右被告人因谋杀杨观音身死案，经思县访获审拟，具报本厅，覆判如左：

主文：杨老顺杀人之所为，照原判处以死刑；其诬告一罪处五等有期徒刑十月，罪系具发，执行死刑，并褫其所有公权全部资格二十年。杨彭氏原判撤销，宣告无罪。逸犯杨老发，缉获另结。

事实：杨老顺，系已死杨观音堂兄，早年同住岩屋口后，杨李氏携其子观音、媳彭氏，移居苗坪。民国元年十一月十一日，杨观音夫妇仍回岩屋口，与杨老顺比邻而居。二十六日，杨观音上山砍柴，老顺突入其家，调奸彭氏，该氏畏其凶恶，不敢抗拒，嗣后遇便续奸，并未给钱，杨观音亦不知情。二年一月四日，杨李氏复来岩屋口，遇观音耕牛忽死，托老顺借钱卖牛，老顺起意诱杀观音，过继与杨李氏为子，以便得杨彭氏为妻，惟杨彭氏虽与奸通，而平日并无嫌夫之意，若先说明，恐有漏泄，遂于四月八日晚饭后，暗藏短刀辣椒面，邀观音同往麻落寨借钱，行至焦冲水湾田旁，日暮天黑，该犯将辣椒面，向观音脸上洒去，迷住两眼，用刀乱戳约十来下，观音即倒地身死，弃刀转回，杨李氏婆媳查问，诳言已去苗坪，次早姚富满、姚乐子见尸往报，杨李氏婆媳及老顺之兄老发前往看明，回家哭泣，老顺乘间劝慰，愿过继与李氏为子，遂同进城报案，老顺复嘱老发改换情节，杨李氏目不识丁，被老发仅报称观音于八日晚饭后出外未归，不知被何人杀死，经前任江知事良醇勘验通报，未及获犯交卸，李知事安鼎到任，老发复唆杨李氏控告苗坪黄丙子等，希图借案和钱，李知事派员密查，始得真相。初老顺过继与杨李氏后，即与杨彭氏配合，因告知彭氏观音为伊所死，已与婶娘说好，从此可做长久夫妻，彭氏哭骂，该犯哧称，若张扬则破案必供系同谋，故江知事勘验时，该犯提防彭氏，不准与人交言，致未发觉，此次提彭氏到案，历供真情，杨李氏亦恍然大悟，老发、老顺旋逃往湖南，由晃州拿获正凶杨老顺到案，讯供前情不讳，议拟呈请同级检察厅转送覆判。

理由：据右事实，杨老顺羡杨彭氏少艾，乘其独处，逼与奸淫，彭氏畏而勉从，渎乱人伦，该犯及彭氏均应照《暂行新刑律》第二百九十条之规定，处二等以下有期徒刑。然杨李氏、杨观音母子并不知情，未经告诉，应照第二百九十四条第三项之规定，须尊亲属或本夫告诉乃论，此杨彭氏原判之所以撤销也。至该犯独自起意谋杀杨观音身死，应照原判依第三百十一条宣告死刑，并依第三百三十一条得褫夺公权之规定，褫夺第四十六条所列公权全部二十年。其诬告一罪，应依第一百八十四条，处五等有期徒刑十月，罪系具发，依第二十三条第一款之规定，执行死刑。杨李氏对于黄丙子等之诬告，适犯第一百八十二条之罪，惟系受老发愚弄，毫无故意，是谓机械的作用，依第十三条第一项之规定，应不为罪。杨老发以其弟杀人之罪，诬栽他人，唆使杨李氏控告黄丙子等，实为诬告罪之造意犯，应严缉拿获查，照第三十条依第一百八十二条处断，方得情法之平。据上理由，特判决如主文。

右案应以本厅为第二审，照章并记。

中华民国二年七月三十日

本厅刑庭

审判长推事：林名正(印)

推　　事:吴纯武(印)

推　　事:赵希岳(印)

书 记 官:聂汝骅(印)

9. 贵州高等审判厅刑事判决高字第九五号判决

控诉人:楚炳煃,湖南湘潭县人,年五十岁,现住贵阳螺丝山后。

右控诉人对于中华民国二年六月十四日贵阳地方审判厅就该控诉人妨害公务所为第一审判决声明控诉,本厅审理判决如左:

主文:本案控诉驳回,仍维持原判效力。

事实:楚炳煃,因其妻杨氏,以退婚受贿估逼另嫁等情,具诉于贵阳地方审判厅,经该厅民庭审理,并照章片请检察官莅庭执行职务,正研讯间,楚炳煃竟敢肆口谩骂,民庭推事以为紊乱秩序,喝令出庭,该楚炳煃犹任意咆哮,势将用武,实属侮辱职务,当经民庭片请该同级检察厅提起公诉,复由地方厅刑庭审讯,按照《暂行新刑律》第一百五十五条,处以四等有期徒刑一年,并依第一百五十七条,褫夺第四十六条所列公权全部资格五年。该犯不服,依法控诉前来。

理由:据右事实,楚炳煃当庭侮辱职务之所为,实属犯刑律第一百五十五条之罪,第一审衙门依据本条,处四等有期徒刑一年,并照第一百五十七条附科从刑,均无不合。该犯不服控诉,不能提出反证,诘之再三,惟牵扯原诉之婚姻案件以为支节,坚称该犯未曾收受其妻弟财礼银十六两,请传过付人对质,不知该犯婚姻诉讼,业经第一审民庭判决确定,已无辩论之余地,况与本案亦无何等之关系,乌得任意牵缠,实属狡赖,该犯对于侮辱职务之所为,既已辩无可辩,是原判科刑,情罪甚属相当,应予维持。爰判决如主文。

右案由高等检察官何玉昆莅庭,执行检察职务。

中华民国二年八月七日

本厅刑庭

审判长推事:林名正(印)

推　　事:董　正(印)

推　　事:赵希岳(印)

书 记 官:孙必昌(印)

10. 贵州高等审判厅刑事判决高字第九六号判决

控诉人:王定钧,湖南人,年二十七岁,住贵州贵阳湾弓街报馆。

附带控诉人:贵阳地方检察厅检察官。

左控诉人对于贵阳地方审判厅就其借报招摇所为第一审之判决,声明控诉,经本厅审理判决如左:

主文:原判撤销,王定钧借报招摇之所为,处四等有期徒刑一年又六月,并褫夺公权全部资格三年。其未决期内,被押一百九十日,抵除刑期九十五日,尚应执行刑期一年又二月二十五日。其收入股金并王少华银一百两,照数退给原所有者。

事实:王定钧于民国元年十月分布《贵州民报简章》,以同志公同发起为名,就其本宅设事务所,自称为经理人,未向主务官厅立案,即以个人名誉,印刷《民报简章》、《民报启》、《集股细则》分散于外,当收入股金纸币贰百柒拾余元、现银贰拾余两,至二年一月,其戚谢琴秋言,王少华家号素丰,可招人股,王定钧即托介绍相见,后设宴欢迎,推为副经理,并由吴少荃劝王少华垫银百两,且述王定钧言报社成立后,每月酬薪资四十元,王少华遂以银百两,经吴少荃、谢琴秋两次交王定钧手收,即以四十金租佃通衢街张姓房屋,将报社迁移,王少华更以银玖十贰两,交吴少荃购置用品。嗣因各股东见其久不出版,并闻黄文裳向王定钧索债,始知其有亏空,议推王少华为经理,王定钧亦愿让给王少华,改用吴少荃充会计兼庶务,查其所交账目不清,未敢接手,屡请开会清算,王定钧故意推缓。一日,忽来社中指吴少荃偷窃水烟袋,扭赴西区,经区派警调查,此物确归吴少荃所管，恐社中不慎，故移置家中，但以保管之物，任意携出社中，究有未合，当饬将吴少荃会计取消。越日。王定钧至社搬取行李，王少华等向之索要账簿，彼此口角，扭赴南区，报经警察厅，转送贵阳地方审判厅民庭，审理查阅账簿发见刑事，函请地方检察厅提起公诉，旋据股东万泽新等以串吞股金等情呈诉，及该社职员刘啸楼等开呈王定钧浮冒账目清折，经刑庭集讯，龚仲超虽充会计，出入并未经手，李少珊虽充庶务而经手仅五十余金，其他均与二人无干，王定钧对于报社股金垫款应负完全责任，按照《暂行新刑律》第三百九十一条之规定，处以四等有期徒刑一年又六月，并依第三百九十五条之规定，褫夺公权全部资格五年。贵阳地方检察官吴光荣以引律错误，并王定钧不服判决，均控诉于高等检察厅，起诉过厅，当请派员莅视，提集一干质讯，应即认为确定事实。

理由：查控诉人王定钧提出论点有七：(一)谓原判以个人营业之性质，反认为公共营业之行为。查王定钧所发布之《贵州民报简章》第一条载"本报由同志公同发起，定名《贵州民报》"，洵如所言，应改为本报由经理人发起，始不抵触，而无如简章已散出多份，不能更改，个人耶，公共耶，第一论点已不成立。(二)谓王文培诬骗银两。地方厅诬以百金，越控高等，诬以三百金。查王文培在地方厅民事起诉，原呈本有"乃以三百金交之租佃通衢街张姓公馆"等语，追经庭讯，据称实仅出银一百九十二两，系缮状生误书作三百金，该民垫银若干，岂能由缮状生任意误书之理，惟银数之多寡，均于王定钧本罪，无甚关系，其九十二两，既无凭据，自不能照断。至一百两之数，虽系载于夹缝，然图章相符，且据龚仲超称，经王定钧许可而后登载，自应认为有效。若果由王定钧，以百六十元纸币换来，何不书作收王少华换纸币银一百两，原判以九十二两无凭，不予追究王定钧，见其诉状有三百两字样，遂欲并此百两之数，一概抹煞。第二论点亦不成立。(三)谓判令不还股本，无异诱人犯法。虽措词不免过当,然所持理由甚正,自应照退股金。(四)谓吴少荃窃匿物件。地方厅为之解脱,此事既经区警查明,应勿庸议。第四论点亦不成立。(五)谓刘啸楼系骗客,非职员,且报社亦无职员名称,刘啸楼会骗何人,应指名控告,不得以莫须有加之,法人尚不成立,职员之有无,不足深辩。第五论点亦不成立。(六)谓黄文裳借债收债。查此案应由初级厅起诉,已均明白指示,第六论点亦不成立(七)谓社中账目总账交龚仲超,流水交李少珊二人管理。查该社所呈仅会计处账簿一本,如果有流水簿,何不责令交出?乃庭讯时,王定钧则称被吴少荃等所烧毁,吴少荃等则称实无此项簿据,各执一说。王定钧并不能提出实有账簿之人证或物证,第七论点亦不成立。至附带控诉之贵阳地方检察厅检察官提出理由书,以王定钧之所为,系诈欺罪非侵占罪,自属正当。至谓法人既不成立,所有垫款各股东不应承认。查法人虽未成立,然半年之久,岂能毫无费用,且王定钧之所以成立为诈欺取财罪者,虽由浮冒账目,实则藉报为名,意图为自己之所有,使人将所有物交付于已耳。此外,黄文裳借款,应独立成为私诉,且价额仅二百金,应归初级管辖,地方厅既未附带判决,本厅自不能为第一审。总观全案事实及以上立论之处,王定钧初以同志公同发起民报为名,继乃视为个人营业,既不向主务官厅立案,又不定期出版,徒于股金任意支销,迨股东群起相责,始指吴少荃为偷窃,藉王文华为经理,以为脱身计,不知诈欺行为业已败露,欲盖弥章,何能掩饰?本厅特将原判侵占罪撤销,另为判决,照《暂行新刑律》第三百八十二条第一项之规定,处以四等有期徒刑一年又六月,并依第三百八十九条之规定褫夺其第四十六条所列公权全部资格三年。王少华垫款银一百两并收入股金,照数退还原所有人具领。判决如主文。

右案由高等检察厅检察官何玉昆莅庭,执行检察职务。

中华民国二年十二月三十日

本厅刑庭

审判长推事:林名正(印)

推　　　事:董　正(印)

推　　　事:邓良焘(印)

书　记　官:胡天锡(印)

11. 贵州高等审判厅刑事判决高字第九八号判决

被告人：陈王寿，大塘县人，年三十三岁，住上甲朗寨。

右被告人因挟仇谋杀陆应贵身死案，经大塘县缉讯议拟，呈报本厅覆判如左：

主文：原判撤销，陈王寿处以死刑，并褫夺公权全部资格二十年。

事实：陈王寿与已死陆应贵同寨居住，素有仇隙。已死之莫宽心在逃，之陆、艾松亦与陆应贵有仇。民国元年阴历七月内，莫宽心、陆艾松同至陈王寿家商议，约同陆应贵有仇之人，共出银两，雇人捉陆应贵，丢入岩洞，陈王寿、陆艾松当约各出银十两，莫宽心无钱出力，宽心并言陆孛同、莫成贵亦与陆应贵有仇，自愿往约，陆孛同并往西凉，找王正亭前来帮助，陆艾松亦愿往党振，找陈海山同来下手，陈王寿亦愿往约莫成贵，议定后各分头往约，讵陈王寿屡次游说莫成贵均不应允，诿以无银，陈王寿曾向莫成贵之母借得银八两，乃改说将账抵除，不必再出银两，成贵又以系母亲作主推诿，终不允从。至九月内，陈王寿与莫宽心、陆艾松商议下手方法，因所居与陆应贵比邻，恐为所闻，乃至寨后乾沟内商议，被寨内之周老三看见，因天晚不能辨为何人，而陈王寿心疑已为所识，数日后莫成贵至陈王寿家索账，王寿乃请其往探周老三，谓周如果已经认清，并知其所谋，不许言语，否必杀以灭口。该犯又给莫成贵云，但能探得周老三真情，即将欠你之账还清，成贵收账心切，遂亦往探，周老三诈称已经识得，成贵即将陈王寿所嘱之言告知，周老三畏遭杀害，允不泄漏，成贵回复后，陈王寿仍不还银。十月内，莫宽心往赶马路场，路过陆孛同家，即与孛同说知前情，约令出银十两，孛同答以畏事，不敢与闻，但伊有牛三只前被陆应贵借案搕去，如得出原牛，愿出银十两取赎，莫宽心亦未强约，即往邀王正亭定。于十月十八日至陈王寿家会议，届期陆艾松、陈海山、王正亭、莫宽心等均于天晚到齐，是夜值陆应贵不屋，未能下手，陈王寿以此事约过莫成贵两次，并令探问过周老三一次，致二人均知谋杀陆应贵情事，恐有泄漏，即连夜往诱莫成贵来家，又命其子老亭往约周老三同来吃酒，酒后戒以勿言各散，陈王寿亦即往定番县候审别案，莫宽心等四人于是月二十五日夜间，各执刀炮至陆应贵门外，陈海山隔壁用炮将应贵轰毙，相率逃逸，团众闻声追缉，周老三、莫成贵只知伊等所谋，系将陆应贵丢洞，不知放炮者即系所为，亦随众人往追，陈海山等逃至半坡，连放数炮，将追者吓退，各自避匿。陈王寿由定番归家。行至半途，得知此事，即在外游荡，至十一月十八日方回，旋被缉拿，团甲又将陆艾松捕获，解至半途，被陈海山率领数十人将其夺去。尸亲陆朝荣等又将莫成贵、周老三拿解到案，押候质讯。二年六月二十日，逸犯莫宽心等复谋杀陆应贵之兄老艾，被尸亲先行探知，约人往捉，莫宽心拒捕受伤，自刎身死，经该县往验属实，因逸犯王正亭、陈海山弋获无期，将陈王寿等质讯，具供认前情不讳，按律议拟，呈由高等检察厅转送覆判。

理由：查陈王寿谋杀陆应贵，处心积虑，发纵指使，必欲达其目的而后快，其居心险恶已极。虽下手时，该犯并未在场，然系因欲掩饰尸亲耳目，特往定番候案，以示置身事外之意，其巧于越避如此，原判依《暂行新刑律》第三十条及第三百十一条处断，并无不合，惟仅定为无期徒刑，则杀人者皆可于计议已成之后，越境幸免，殊失情法之平，故将原判撤销，另下判决，处以最高度之刑，并依第三百三十一条，褫夺该犯所有第四十六条公权全部资格二十年。莫宽心与陈王寿同恶心相济,罪亦相等,现已身死,应勿庸议。周老三、莫成贵、陆孛同明知陈王寿等阴谋,并不报告官厅,或被害人亦属不合,但系怵于杀害之言,相率缄口,非出于自由意思,陆孛同虽许出银,然已声明为将来赎牛之用,非以贿买凶手,既与陈王寿质明,并无与谋及帮助情事,应宣告无罪。余犯获日另结。判决如主文。

右案应以本厅为第二审,照章并记。

中华民国二年八月九日

本厅刑庭

审判长推事:林名正(印)

推　　　事:赵希岳(印)

推　　　事:董　正(印)

书　记　官:聂汝骅(印)

12. 贵州高等审判厅刑事判决高字第一〇一号判决

被告人：马熙臣，安化县人，年二十七岁，住大坝头。

右被告人因正当防卫枪毙人命案，经思南县审讯议拟，呈报本厅覆判如左：

主文：原判撤销，马熙臣宣告无罪。

事实：马熙臣于民国元年三月二日，在该处团防局，与戴扬休、张云鹏闲谈，适同寨之张其盛率同族人到局，报称其女已赘川民卢老辉，老辉回川未归，本月十一日被郑桂生率人将女抢去，估霸成婚，请团甲同往缉捕，戴扬休并马熙臣、张云鹏率领数人，同张其盛及其族人等前往郑桂生家搜捕，讵郑桂生与张女均已逃逸，张姓族人气忿，不知何人放火，将郑屋燃烧，戴扬休阻救不及，命马熙臣等一面扑救，一面回局传人协助，不意火势猛烈，扑灭甚难，遂延烧邻舍数家，戴扬休安慰被火各家而散，适安化县知事病故，郑桂生族叔郑永彬等赴前思南府呈控，前任张知事顺亲断令戴扬休出钱一百千，分赔受害各家，尚未交出，差缉郑桂生亦未获案。先是郑桂生强牵老鹰溪乡民之牛，被人追到三道湾，将牛夺回，桂生谓系马熙臣递信所致，挟恨在心，是年六月二十二日，马熙臣带同雇工刘洪顺、老李赴山打猎，行至大坝头地方，适遇郑桂生，蓦记前仇，即斥熙臣不应通信害彼，互相口角，郑桂生即用随身手枪向马熙臣轰击，马闪侧避过，桂生复又开放，马熙臣情急，顺用携往打猎之火枪还击，适伤郑桂生殒命，投报团甲，戴扬休将尸掩埋，并赴思南县，以斗殴格毙立案，该县即予批准，尸亲郑永彬等屡次以命件告诉，均被驳斥，乃上控于各衙门,批饬提审,经现任张知事际时提集一干,再三研鞫,据供各情,认为确定事实。按律议拟,呈由高等检察厅转送覆判。

理由:据右事实,郑桂生曾盗人牛,此次又抢张其盛之女,强逼成婚,其作奸犯科,已成惯习。迨与马熙臣邂逅相遇,挟记小嫌,辄开枪连续轰击,尤为凶暴狠恶,马熙臣对此不正之侵害,自应行使防卫之权,持枪还击,洵属万不得,已原判谓其防卫过当,拟依《暂行新刑律》第十五条后半之规定,于所犯第三百十一条杀人罪上减二等,处二等有期徒刑八年,殊欠允协。查该条但书,所谓防卫行为过当者,不当以结果论,其程度应以侵害者所加之手段为标准。本案如郑桂生之侵害马熙臣,并未用足以制其死命之器械,则马熙臣所被之侵害,既不重大,而防卫行为竟戕夺加害人之生命,是诚逾越其程度,不能不科之以刑矣。今郑桂生乃用手枪轰发一击不中,马熙臣之得免于死者,亦云幸矣。当是之时,使郑桂生能发能收,而不继续进行,则马熙臣或不至以暴御暴,乃郑桂生杀心已决,续行射击,是马熙臣危险之程度,已达极点,尚非击毙郑桂生,则必为桂生所毙,当此间不容发之际,乃顺用打猎火枪向桂生一发而殪。详细审核,其防卫之行为,并未超过加害之程度,自应将马熙臣依第十五条前半规定,宣告无罪。戴扬休、张云鹏对于此案讯无预谋帮助行为;郑桂生应得罪名,已死无从诉追,均勿庸议。判决如主文。

右案应以本厅为第二审,照章并记。

中华民国二年八月十八日

本厅刑庭

审判长推事:林名正(印)

推　　事:赵希岳(印)

推　　事:董　正(印)

书 记 官:聂汝骅(印)

13. 贵州高等审判厅刑事判决高字第一〇二号判决

被告人：宋汉堂，贵定县人，年四十五岁，住下摆诺。

龙景保，贵定县人，年四十三岁，住下摆诺。马兰香，贵定县人，年三十五岁，住下摆诺。

原诉人：宋罗氏，贵定县人，年四十岁，住下摆诺

右被告人因谋杀宋二生身死案，经贵定县审拟，呈报本厅提审，判决如左：

主文：原判对于宋汉堂科刑之部分撤销，马兰香仍处以死刑，龙景保处以死刑，均各褫夺公权全部资格二十年。宋汉堂改处四等有期徒刑一年，并褫夺公权全部资格二年。宋罗氏处四等有期徒刑一年，宣告缓刑三年。逸犯宋老盈等获日另结。凶器无存免追。

事实：宋汉堂、马兰香、龙景保，与已死之宋二生、及在逃之宋老盈、周腊生、周滥嘴，均同寨居住。宋二生有孀嫂宋罗氏，早年分居，后与龙景保奸通，二生不悦，嫂叔由是成仇。二生妻没，继聘周子清之女，纳采后被人拐逃，二生遂与解除婚约，旋为龙景保娶得，更觉势不两立，互相仇杀，曾于前清时控告贵定县有案。民国元年三月内，有拐夫、拐妇路过该处，被龙景保等八人盘获，拐夫脱逃，仅扣留其妇，迨本夫追至，愿谢银三两，由宋二生代笔，出立限字，请宋汉堂担保，将妇领回，嗣以银二两七钱交付宋汉堂手，龙景保、马兰香、宋老盈等商议，以二生未同盘获，只照八股均分，二生以已曾代笔，亦欲分受一股，彼此口角，二生曾习拳棒，颇有膂力，时值二次改革之初，外属公口尚未取消，龙景保等均入公口，极有威势。三月七日，

二生手执尖刀,于黄昏时,至宋汉堂家,谓伊等如不分银,绝不甘休,宋汉堂正食晚饭,劝令少坐,宋老盈、马兰香、龙景保等踵至,又复吵闹,宋老盈当用木棒击伤宋二生囟门,晕倒床上,宋汉堂上前劝散众人,少时宋二生复苏,持刀追出,该犯等咸在外等候,马兰香持标戳伤二生右肋,龙景保上前夺刀过手,连戳二生咽喉、肚腹等处,倒地声喊,宋汉堂出视,命宋老贵负之回家,旋持鸡一只,随往欲代为扫除邪祟,被龙景保、马兰香、宋老盈、周腊生、周滥嘴等,各执器械拦阻,谓宋二生骂我等,大开公口,俟伤愈当往报官,重治此罪。若将伊救好,须保全众人方可,宋汉堂畏惧转回,是夜伊等复将宋二生杀于床上,天明宋汉堂及邻佑人等上前看视,宋汉堂畏公口之势,倡言此事若往报案必须用钱,且二生之女兆妹,年方十岁,其嫂罗氏素不和睦,倘以利害劝之,必然应允,当令人唤罗氏前来,谕以若不报案,二生家业任伊掌管。罗氏既挟二生往日之嫌,又闻奸夫龙景保在场下手,当即应承买棺装殓,天明后抬出安埋,各项所用系以二生之业,当银开销,二生尚有其他债务,宋汉堂令宋罗氏将得收二生土内洋烟三十两,出卖还账,该氏不允,先是该氏曾与宋汉堂因水碾争执有隙,民国二年十二月,宋汉堂抗估公债,被贵定县传案管押,宋罗氏遂以汉堂主使马兰香等谋杀宋二生等情,呈诉于贵定县,捏称宋汉堂于谋杀宋二生后,将伊关禁,现汉堂因案管押始得出而报案,经贵定县提讯,马兰香、龙景保、宋老盈等均各畏罪远逃,宋汉堂欲证明伊无主谋行为,以银十二两雇人于都匀地方,将马兰香拿获解案,提同质讯,坚不供招,派人往查,回报复讯,照《暂行新刑律》第三百十一条之规定,处马兰香以死刑,以宋汉堂主使杀人处无期徒刑,具文呈请复判到厅,正核办间,旋据宋汉堂之母宋胡氏上诉于高等检察厅,转送前来,本厅遵照《修正覆判暂行简章》第三条函请提审,旋据贵定县将原案卷宗及宋汉堂、马兰香二名解到,当即提讯,供词各执,复请高等检察厅派警往查,并传宋罗氏、宋兆妹、证人赵祖荫等,该警至彼，值龙景保已暗回家，乃会同团甲将其捉获，一并解案，迭次研讯，宋罗氏供称宋二生咽喉等处伤痕，伊于装殓时看明无误。赵祖荫供称宋二生确系龙景保等杀死，宋汉堂并未主谋，词与宋汉堂所供大致相符。本厅因贵定县于此案并未检验，复请高等检察厅派委检察官，会同贵定县前往该处检验调查。于民国二年十二月三十一日勘验，讵事隔两年，尸已腐化，仅卤门骨及右肋骨两处伤痕宛然，余伤无从检验，当场填格，并取具甲长、尸亲甘结，及调查报告书等函送过厅，复提该犯等研讯，宋汉堂供与前情尚无出入，马兰香、龙景保亦知已派员检验调查，供认杀死宋二生各情，与报告书吻合，惟于下手杀人行为，龙景保诿之马兰香，马则供证咽喉肚腹等伤，系龙景保夺刀戳杀所致，互相指摘，即互相诿卸，然就该二犯所供，反复印证，均属杀人正犯。案经讯明，应即依律判决。

理由：据右事实，马兰香、龙景保杀死宋二生之所为，适触犯《暂行新刑律》第三百十一条之罪，应照本条死刑、无期徒刑或一等有期徒刑科断。宋汉堂主使毁灭证据之所为，适触犯第一百七十八条之罪，应照本条处四等以下有期徒刑、拘役或三百元以下罚金科断。宋罗氏挟嫌诬告宋汉堂之所为，适触犯第一百八十二条之罪，应照本条处二等至四等有期徒刑科断。查马兰香、龙景保等盘获拐妇，索得谢银，仅按八股均摊，然宋二生曾经代笔，亦非平空加入，彼此争竞，竟将宋二生杀死，宋汉堂于宋二生被杀后，不顾生前感情，忍使含冤九泉，主张匿案不报，设非因公债事被押，宋罗氏挟争水碾之嫌，藉图报复，如此重案，竟寂然无闻，其影响于社会者何穷。惟原判偏听宋罗氏诬告之词，拟处该民以无期徒刑，实属错误。除马兰香仍照原判，依第三百十一条处以死刑外，龙景保应依第二十九条第一项及第三百十一条之规定处以死刑，并依第三百三十一条得褫夺公权之规定，均各褫夺所有第四十六条公权全部资格二十年。宋汉堂应依第一百七十八条之规定，处以四等有期徒刑一年，并依第一百七十九条之规定,褫夺所有第四十六条公权全部资格二年。查该犯自民国元年十二月二十三日到案,至三年一月二十四日判决宣示,二月四日确定,其未决期内,被押日数照第八十条折算之。宋罗氏于杀人案本不知情,其捏报宋汉堂主谋,系属诬告,应照第一百八十二条之规定,处以四等有期徒刑一年。查该氏备有第六十三条第一、第三、第四要件,应宣告缓刑三年。特判决如主文。

右案由高等检察厅检察官何玉昆莅庭,执行检察职务。

中华民国三年一月二十四日

本厅刑庭

审判长推事:赵希岳(印)

推　　事:董　正(印)

推　　事:邓良焘(印)

书 记 官:李承泽(印)

14. 贵州高等审判厅刑事判决高字第一〇八号判决

被告人:徐开元,毕节县人,年三十九岁,住德沟。

右被告人因伤人致死案,经毕节县审讯拟报,本厅覆判如左:

主文:原判撤销,徐开元处以无期徒刑,并褫夺公权全部资格二十年。

事实:徐开元系已死徐发元之弟。民国二年六月二日,徐发元因患病检药回家,失去银一两零五分,疑系徐开元所窃,向其查问,开元不服,彼此口角,徐发元气愤,向之碰头拚命,徐开元闪让,徐发元抢空跌地,将左额角磕伤,即在地顺拾木棍,打伤徐开元左膀,开元夺棍掷之于地,徐发元弯腰拾棍,徐开元即用拳向其背上连打两下,致将徐发元脊膂打伤,时值邻人徐保成打柴回家,上前劝散,徐发元次日即因伤殒命,徐开元畏罪逃逸,徐保成暂将尸身用土掩盖,经该县访闻勘验,差缉徐开元到案,讯供不讳。按照《暂行新刑律》第三百十四条、第五十四条之规定拟处徐开元二等有期徒刑,呈由高等检察厅转送覆判。

理由:据右事实,徐开元与其兄口角争斗致殴伤身死之所为,应依《暂行新刑律》第三百十三条第一款,处以无期徒刑,并依第三百三十一条得褫夺公权之规定,褫夺其第四十六条所列公权全部资格二十年。查徐发元系该犯之兄,在本律规定并非尊亲属,原判援引第三百十四条处断,复依第五十四条减等,均属错误。盖该犯果有敬长之心,其兄于病时,因失银查问,不妨婉言辩明,则徐发元必不碰头跌伤,又何至拾棍殴打,迨该犯夺棍丢地,徐发元弯腰拾棍,当此之时尽可乘间奔避,何必恐其拾起再打,先行用拳连殴其致命之脊膂等处,因而毙命,是该犯毫无手足之情,紾兄之背,而戕其生命,尚有何心术可原,且宣告二等有期徒刑,而不定刑期,从刑亦未依律并科,均属不合,本厅特行撤销,另为判决如主文。

右案应以本厅为第二审,照章并记。

中华民国二年八月二十三日

本厅刑庭

审判长推事:林名正(印)

推　　　事:董　正(印)

推　　　事:吴纯武(印)

书　记　官:聂汝骅(印)

15. 贵州高等审判厅刑事判决高字第一一四号判决

被告人:韦老恶,荔波县人,年二十一岁,住水角大寨,无业。

吴培生,荔波县人,年二十三岁,住水角大寨,无业。

韦老兴,荔波县人,年二十三岁,住水义寨,无业。

吴老偏,荔波县人,年十七岁,住水角小寨,无业。

韦老亡,荔波县人,年四十一岁,住水角小寨,无业。

右被告人因强盗及强盗故意杀人俱发案,经荔波县审拟,呈报本厅,覆判如左:

主文:原判撤销,韦老恶、吴培生窃盗吴邦彦家之所为,各处以三等有期徒刑四年;强盗吴老备、吴老傲家之所为,各处以二个无期徒刑;强盗吴朝阳家伤害三人之所为,各处以死刑,均各执行死刑,并各褫夺其公权全部资格终身。韦老兴强盗吴老备、吴老傲家之所为,处以二个无期徒刑;强盗吴朝阳家伤害三人所为,处以死刑,应执行死刑,并褫夺其公权全部资格终身。吴老偏收受赃物之所为,处以四等有期徒刑二年,并褫夺其公权全部资格五年;其被胁同劫吴朝阳家之所为,不为罪。韦老亡窃盗吴邦彦家之所为,处以三等有期徒刑四年;强盗吴老备、吴老傲家之所为,处以二个无期徒刑;强盗吴朝阳家伤害三人之所为,处以死刑;劫杀吴邦彦一家四命之所为,处以四个死刑;起意刦监之所为,处以四等有期徒刑二年又八月,应执行一死刑,并褫夺其公权全部资格终身。逸犯获日另结。

事实:韦老亡即韦老茫,与韦老恶、吴培生等均素来游荡。韦老亡先于民国二年三月一日,与韦老恶等偷盗吴邦彦家,事主因失物无多,并未报案。至五月十六日,韦老亡与韦羊生、韦老艾、韦老兴、韦老有、韦老东往赶水角场,会遇吴老奢、韦老恶、吴培生等,大家到僻处闲谈,吴老奢说及穷苦,韦老恶即言水条寨吴朝阳、吴老备、吴老傲叔侄有钱,同居一院,二人起意行劫,纠约多人,俱皆应允。韦老恶约在伊家会齐,天晚时韦老亡等前往,并有韦老常、吴老宏与吴老奢同来,时当夜饭,聚会食毕,韦老恶又邀得吴老钱、吴岩林二人入伙,适有吴老偏路过门外,因欲吸烟,进内要火,韦老恶恐其泄漏消息,即将其留住,移时各拿刀炮斧子起身,韦老恶即逼吴老偏同去,吴岩林为向导,由小路行至水条寨外,点起油捻,连放数炮,蜂拥进寨,吴老奢用斧劈开吴朝阳大门,韦羊生、韦老东又打开吴老备窗板,吴老傲自开大门跑出,维时吴老偏因被胁同来,不肯动手,站在门外,众贼拥进,放枪乱打,致伤吴朝阳之父老领及其妻潘氏,吴朝阳跑出,又被韦老恶戳伤后腿,贼众打开三家箱柜,拐得赃物分携,逃逸至吴老奢家歇气,老奢以吴老偏年幼,分得赃物,恐其任便出卖,被人知觉,乃以钱一千文与之而去,吴老奢等将赃物抬至董详坡俵分各散,团甲吴邦彦、事主吴朝阳等赴县报案,该县派差会营严缉,先将吴老偏缉获,旋据吴邦彦回报,三月一日夜偷窃伊家,访悉韦老恶系正贼,此次水条寨之案,韦老恶、吴培生均属抢犯。该县派差随团将韦老恶、吴培生、韦老兴拿获,讯供皆同。正研讯间,又据吴邦彦之叔老必,率其女老柔,报称七月九日三更后有贼十余人打入邦彦家内,将其夫妇并二子杀毙,家财掠抢一空,吴老柔在火光中,认悉内有三人系吴老宏、吴老常、吴老奢等语。该县即勒差严缉,将韦老亡获案,讯据供称强劫吴朝阳等三家,该犯与吴老奢等均在场,与韦老恶等供无异。其劫杀吴邦彦家,系因邦彦首先报案后,又带同差役将韦老恶等三人拿获,吴老奢气愤已极,即与该犯商议,约人杀害邦彦全家,再劫监放出韦老恶等,未几吴老奢约得潘老科、潘老保、潘老玉、吴老常、吴老宏、吴老的、韦老有、韦老艾、韦老比等，至韦羊生家，韦老亡亦约同潘老双前往会齐，共十三人行至吴邦彦家，打门进内，吴邦彦之妻即被潘老科杀伤到地，吴老奢欲取首级，即以刀割其项颈未决而罢，各处搜寻邦彦，至牛圈旁寻出邦彦长子，被该犯杀死；次子亦为众所杀，该贼等又转至屋内搜索，至中间房内，见堆有木板，吴邦彦藏匿其下，潘老科掀板拖出，韦羊生先砍左手数刀，吴老奢炮打其两腰眼，潘老保标戳其右后胁，将肠拖出毙命。该犯等掳掠家财，逸至水潘坡俵分，吴老奢尚欲劫监，约到九仟会齐，该犯韦老亡正欲纠人，即被拿获到案，经该县分别研讯，各供前情不讳。该县判称韦老亡、韦老恶、吴培生等先窃吴邦彦家，除轻罪不议外，援用第二十九条之规定，韦老亡依第三百七十六条处以死刑，韦老恶、吴培生、韦老兴依第三百七十四条各处以死刑，吴老偏依第三百七十四条，适用第五十四条，酌减二等，处以三等有期徒刑三年等语，具文呈请高等检察厅转送。

理由：据右事实，韦老恶等迭犯劫杀重案情形，惨毒异常，法无可贷。惟吴老偏一犯，虽与韦老恶等同往犯罪地方，然事前系邂逅相遇，受迫同行，匪特无犯罪之故意，且已失意思之自由，及至事主门首，仍复袖手旁观，又无实施犯罪之行为，是于犯罪之心的要素与物的要素，均不备具，依《暂行新刑律》第十三条之规定，应不成为犯罪。惟该犯于事后受钱一千文，虽非原赃，亦系用以代替赃物，乃竟直受不辞，亦不赴官厅报告，则已成立收受赃物之罪。至韦老恶等种种行为，系属于审判确定，前犯数罪应照二十三条规定，分别科刑，乃该县于韦老恶、韦老亡、吴培生等先窃吴邦彦家之所为，谓为轻罪不议，岂知近代刑罚基础观念，已由报复、事实两主义进而为目的、人格两主义，对于犯罪者之惩罚，不以事实之大小为权衡，而以犯人之恶性为标准，故于习惯性之犯人，虽仅生轻微之实害，而惩之必严，于一时性之犯人，纵酿成重害而处罚从宽。该韦老恶等既已触犯第三百六十八条之规定，岂能由该县认为轻罪，而置之不议。

至韦老恶、吴培生、韦老兴、韦老亡等强盗伤害吴朝阳一家三人,与强盗吴老备、吴老傲二家,共计成立三个强盗罪;又韦老亡刦杀吴邦彦一家四命之所为,共计成立四个杀人罪;且独自犯有起意劫监一罪,均应按照所犯各条分别科断,原判乃统科以一个强盗杀人罪,宣告各该犯以一死刑。盖不知一罪与数罪之区别,凡人格的法益,应以被害者之数为标准;财产的法益,应以监督权之数为标准,囫囵处断如此,罪刑虽无出入,法理终嫌粗疏,应将原判撤销,由本厅更为判决。查各该犯除吴老偏仅犯第三百九十七条一罪,并应依第四百条附加从刑外,韦老恶、吴培生系四罪俱发,韦老兴系三罪俱发,韦老亡系九罪俱发,应依第二十三条及同条第一项分别科罪,定其执行之刑,是韦老亡、韦老恶、吴培生盗窃吴邦彦家之所为,应依第三百六十八条、第三百八十条科刑;韦老恶、吴培生、韦老兴、韦老亡强盗吴朝阳等三家、伤害吴朝阳一家三人之所为,应依第三百七十三条第一、第二两款、第三百七十四条第三款、第三百八十条科刑;韦老亡起意劫监之所为,应依第一百七十条、第一百七十四条后半条、第一百七十三条、第一百七十六条科刑,其劫杀吴邦彦一家四命之所为,应依第三百七十六条、第三百八十条科刑。逸犯吴老奢、吴羊生等,仍饬该县勒缉,获日另结。特判决如主文。

右案应以本厅为第二审,照章并记。

中华民国二年八月二十三日

本厅刑庭

审判长推事:林名正(印)

推　　事:赵希岳(印)

推　　事:董　正(印)

书 记 官:聂汝骅(印)

16. 贵州高等审判厅刑事判决高字第一二九号判决

被告人:谢满,思县人,年二十岁,住龙坑,无业。

吴松廷,四川秀山县人,年三十二岁,帮工。罗隆昌,思县人,年二十八岁,住罗家湾,耕田。

右被告人因合谋杀人案,经思县缉获审拟,呈报本厅,覆判如左:

主文:原判关于从刑之部分撤销,谢满、吴松廷仍各处死刑,并各褫夺公权全部三十年。罗隆昌仍处一等有期徒刑十四年,褫夺公权全部十六年。谢三、谢满所争家产,由原审衙门查明讯结。

事实:谢满、罗隆昌均籍隶思县,住居邻近,素相认识。吴松廷籍隶四川,来思属平牙一带帮工,罗隆昌母家姓吴,遂与松廷认作表亲,谢满父死后,因母再醮,常被异母兄谢三欺凌。前清宣统二年冬,谢三脱去谢满衣服,驱逐出外,并将其妻送还岳家,谢满往依罗隆昌,谢三复向罗隆昌寻仇,逼胁谢满远走,声称如再逗留,将以洋炮击死,谢满哭诉于罗隆昌,议定杀死伊兄,以绝后患。罗隆昌念知吴松廷为人强悍,酒后极有胆力,将渠寻至,三人定约,吴松廷杀死谢三后,由谢满酬钱一百二十千文。宣统三年三月初五日,谢满教吴松廷改姓为杨,冒充衙门公差,过路进家,稍息将谢三面貌认清,免致临时错误,吴松廷依其言,至谢三家,谢三待以烟茶而回,次日早膳,谢满馈吴松廷以酒食,并授尖刀一把,告称探闻谢三已往邻寨,可在路旁等候,吴松廷即持刀而往,伏于路旁田埂之下,移时谢三果由邻寨背负墙板而回,吴松廷出其不意,由后连戳其右后胁、左右臂各一下,谢三弃板于地,扑向抓殴,吴松廷迎面戳其左乳、右胁各一下,弃刀逃走,谢三奔至家中,其妻骇问,告以系昨日来家之杨姓所杀,移时因伤身死。谢满回家料理,诳称若先报官,恐凶犯闻而惊走,不如权为棺殓,以便访查。尸妻谢左氏,再醮过门未及一月,且系女流,仓皇无计,遂听谢满主持棺殓,即于十四日安埋,谢满暗付给吴松廷钱十三千文、洋烟十两,合钱二十千文。又以烟十四两,托罗隆昌转交,被其隐匿,吴松廷吵闹,遂露风声,谢左氏见谢满于访拿凶手,并不在意,托族戚谢文华、左光右代为查访,探出实情,控经前知府江志伊勘验,先后缉获吴松廷、谢满讯详,未及拟办,旋值反正,案遂延搁。本年七月,现任李知事安鼎缉获罗隆昌,传集尸亲谢左氏、族人谢文华到案,监提谢满、吴松廷质讯,各供前情不讳。依《暂行新刑律》第三百十一条规定,处吴松廷以死刑。谢满依第三十条第一项系属造意犯,亦照本条处以死刑,均褫夺公权全部终身。罗隆昌依第三十条第二项教唆造意犯,仍照本案之规定,处以一等有期徒刑十四年,限内褫夺公权全部,呈请高等检察厅转送覆判。

理由:据右事实,谢三与谢满为异母弟兄,竟因霸产将弟逐出,事果属实,尽可禀官讯究,且并将谢满之妻送归岳家,其岳家究系何姓,遇此极不能平之事,乃竟坐视不理,任听谢满往依罗隆昌。谢三复往逼其远走,致令向罗隆昌哭诉,欲杀兄以绝后患,罗隆昌乃不为阻止,而荐一极有胆力之吴松廷与之,谢满遂出钱一百二十千文,买以杀兄,吴松廷贪得报酬,亦遂甘心下手,是谢满之残忍,罗隆昌之糊涂,吴松廷之凶暴,均为法所难容,原判谢满、吴松廷依所犯《暂行新刑律》各条拟处死刑,罗隆昌谓其因见谢三虐弟,并向之寻仇,始激而出,此拟处一等有期徒刑十四年,均属罪刑相当。惟该犯等应科从刑,系在第三百三十一条得褫夺公权之列,乃宣告褫夺谢满、吴松廷公权全部终身,殊属错误。罗隆昌一犯所科,虽无错误,然仅于限内褫夺第四十六条所列公权,直与未科无异,本厅故将此部分撤销，另为更正。至本案私诉应予附带判决。惟谢三、谢满曾否分家，观谢三之逐弟、谢满之杀兄，无非图谋财产，究竟二人有无子嗣、产业共有若干、谢满之妻是否尚在岳家，原判未经声叙，亦未有所处分，应仍由该县传集谢左氏及谢文华等到案讯明，妥为分析安置。如谢三、谢满之妻均愿守节，须择族中昭穆相当者，各为立祀，以守宗祧，俾一般社会咸晓，然于国法不可幸逃，而孤孀卒邀保护，庶风俗人心均有裨益，特为判决如主文。

右案应以本厅为第二审，照章并记。

中华民国二年九月十九日

本厅刑庭

审判长推事：林名正（印）

推　　事：董　正（印）

推　　事：吴纯武（印）

书 记 官：聂汝骅（印）

17. 贵州高等审判厅刑事判决高字第一三〇号判决

被告人:陈冒甚,湖南龙山县人,年四十一岁,无职业。

右被告人因挟嫌杀毙张青案,经施秉县审拟,呈报本厅,覆判如左:

主文:原判关于强劫科刑之部分撤销,陈冒甚强劫未遂一罪,处以二等有期徒刑五年;杀人一罪,处以死刑,应执行死刑,并褫夺公权全部终身。凶刀供弃免追。逸犯获日另结。

事实:陈冒甚籍隶湖南龙山,游荡无业。上年十一月来黔,浪游于镇远属之金蓬三洞等处,与在逃之施秉人郭金廷、四川人田老九相善。本年四五月间,结伙在石阡思南道上拦劫贩烟客人。本年七月十二日,该犯等在茶园关搜劫过客洋烟,适值石阡县团差张青路过,上前喝阻,致未得赃,郭春廷识为石阡县役,商议致死泄愤,陈冒甚、田老九均执洗手小刀一对,郭金廷拿梭标标头一把,一路跟追至谷定路旁,张青走入李彭氏店中休息,该犯等亦入店饮水,旋即先走,欲在前途截杀,适有木匠伍高高与张青同行,不便下手,至瓮哨地方,伍高高宿店,张青独自赶路,至石排坡时,已初更,四顾无人,郭金廷喝令陈冒甚动手,遂各出标刀乱刺,张青遍体受伤殒命,丢弃包袱信件在地。该犯等搜得钱数百文,各自逃避。次日,团甲投报施秉县,经该知事黄品超亲至沿途查缉,当在谷定李彭氏店内查知,张青曾告该氏沿途盗贼三人,搜劫过客洋烟,被伊喝阻等语,旋有三人进店饮水,行后张青即言此辈正是劫烟之贼,后又来一木匠,张青便与同行,维时尚不知贼人及木匠姓名,该知事复往瓮哨查得木匠名伍高高，即将其传获，并李彭氏带回署中，预备认贼，饬团加差带同伍高高，分头侦查。七月二十八日，至镇远县属老寨场，适陈冒甚正在彼处，伍高高识得该犯所著之衣是深蓝色，并额上偏右有黑痣一颗，均与当日所见无异，即告团差将其拿获解案，复经李彭氏认明，的系张青指示之贼，当即提讯该犯，据供认同伙姓名及谋杀张青不讳，按照《暂行新刑律》第二十九条及第三百七十四条第一款、第三百十一条、第三百十六条之规定，拟处该犯死刑，呈请高等检察厅转送覆判。

理由：陈冒甚由湘来黔，因认识郭金廷、田老九遂伙同在石阡思南路上拦劫烟客，足见抢夺乃其惯性。七月十二日，又伙同搜劫过客之烟，被张青撞遇喝阻，该犯不因之悔悟，痛改前非，反引以为仇，谋杀泄愤，怙恶不悛，变本加厉，其罪岂容于死。该县拟照《暂行新刑律》第三百十一条、第三百十六条规定，将该犯处以死刑，洵属妥协，应维持原判。至结伙三人，在途行劫，本触犯第三百七十四条第一款之罪，然经张青喝阻，赃未入手，合于第十七条“犯罪已着手而因意外之障碍不遂者，为未遂犯”之规定，应依本条第三项及第三百七十九条，于所犯第三百七十四条本刑上减二等，为一等至三等有期徒刑，于此范围内，处以二等有期徒刑五年。按照第二十三条第一款执行死刑，并依第三百八十条，褫夺其第四十六条所列公权全部资格终身，原判于行劫一部，仍照既遂罪处以死刑；又不依据第二十三条第一款定其执行者，均属错误，故将此部分撤销，另为判决。查此案发生毫无端倪，若非该知事躬亲访查，安能寻委溯源，使冥冥飞鸿竟入罗网，以视仅报凶犯在逃遂不复着手者，大相径庭，殊堪嘉许。逸犯郭金廷等，应仍严密查缉，务获究报。凶刀供弃免追。特判决如主文。

右案应以本厅为第二审，照章并记。

中华民国二年九月十九日

本厅刑庭

审判长推事:林名正(印)

推　　　事:吴纯武(印)

推　　　事:董　正(印)

书　记　官:聂汝骅(印)

18. 贵州高等审判厅刑事判决高字第一四九号判决

被告人:王仲连,龙里县人,年二十六岁,住县属江比堡,贸易。

张乔林,龙里县人,年十八岁,住县属羊场,贸易。

右被告人因杀人案,经龙里县缉获讯拟,呈报本厅,覆判如左:

主文:原判撤销,王仲连处以死刑,并剥夺公权全部资格二十年。张乔林处以二等有期徒刑九年又十月,并褫夺公权全部资格十二年。其共犯之和诱罪免诉。凶器无存免追。逸犯获日另结。

事实:王仲连、张乔林与被杀之徐和清素识。民国元年八月内,三人共同和诱麻哈县属陈冬林之妻袁氏,至贵定居住,王仲连旋与袁氏奸好,复逃匿他所,徐和清不服,声言定须首告。是年十二月十四日羊场场期,王仲连与在逃之马子清赴场买卖,途遇张乔林,告知徐和清正在赶场,述及前事,王仲连因起意杀毙徐和清,以免受害,央允马子清、张乔林帮助,即在张乔林家借取梭标一支,一同前行,至离场里许之谢家院,值徐和清在彼坐地吸烟,张乔林因系旧友,不肯共同下手,在路等候,王仲连、马子清上前抓住喝问,徐和清尚在分辩,王仲连即用梭标戳伤其左胯,穿透左腿,复转身砍伤其左臂,登时身死。适有十三岁之小孩穆发生路过,眼见畏惧,不敢告人,该处团民滕十俊、尸妻徐陈氏先后以不知何人杀毙呈报,该县驰诣验明,差缉张乔林到案,王仲连携同陈袁氏逃至大塘县,亦被拘留,由该县关提归案,传集人证审讯明确,拟处王仲连无期徒刑,张乔林减一等处以一等有期徒刑十四年十个月,具文呈请高等检察厅,转送覆判。

理由:查王仲连杀死徐和清之所为,适合于《暂行新刑律》第三百十一条之罪,该县以处无期徒刑,虽在本条主刑范围内,但该犯意思行为均极凶恶,仅乃酌中科刑,未免失之宽纵。至张乔林一犯,虽王仲连下手时,并未上前,然本案发生之原因,系出于伊之传言,凶器又借诸其家,是于实施犯罪行为以前帮助正犯,原判照第三十一条得减正犯之刑一等或二等规定,拟减一等处以一等有期徒刑十四年又十个月,引律虽无错误,而减刑究属不合。查减刑必先指明等级,不得照律文,仅言一等或二等,且所拟一等有期徒刑,仍在本条主刑范围,是名虽予以减等,而被告人实未享受减等利益,应将原判撤销,由本厅另为判决,王仲连依第三百十一条之规定,处以死刑,并依第三百三十一条得褫夺公权之规定,褫夺所有第四十六条公权全部资格二十年。张乔林依第三十一条于所犯第三百十一条主刑上减一等为无期徒刑或二等以上有期徒刑,酌处以二等有期徒刑九年又十个月,并依第三百三十一条得褫夺公权之规定,褫夺所有第四十六条公权全部资格十二年。爰判决如主文。

右案应以本厅为第二审,照章并记。

中华民国二年十一月十七日

本厅刑庭

审判长推事:林名正(印)

推　　事:赵希岳(印)

推　　事:董　正(印)

书 记 官:聂汝骅(印)

19. 贵州高等审判厅刑事判决高字第一五七号判决

被告人:吴任氏,余庆县人,年四十一岁,住肚脐湾。

周表二,余庆县人,年二十六岁,住肚脐湾,务农。陈福,余庆县人,年二十岁,住肚脐湾,务农。

右被告人因奸谋杀本夫案,经余庆县缉获审拟,呈报本厅,覆判如左。

主文:吴任氏、陈福、周表二共同杀毙吴落伍顺之所为,仍各处以死刑,陈福、周表二并各剥夺公权全部资格二十年。凶器无存免追。

事实:吴任氏系吴洪顺之妻,生有一女名吉弟,年已十三。陈福、周表二及已死之陈起高,均与洪顺邻居,素相来往,吴任氏见面不避。民国元年阴历五月内,陈起高与该氏调戏成奸,遇便续旧。至是年九月内,吴任氏与陈福、周表二先后奸通,亦各趁便来往,三人互相知情。十月初一日,吴洪顺赴镇远赶集,陈福、周表二、陈起高先后至吴任氏家,闲谈陈起高意欲将吴洪顺谋毙,以便与吴任氏长久同乐,央陈福、周表二帮助,陈福、周表二、吴任氏俱各应允,约定遇便下手。初三日,吴洪顺归家,行路困倦,饭后即寝。吴吉弟亦上楼安息,三更时吴任氏往约陈起高,趁此下手。陈起高邀同陈福、周表二各携器械,至吴洪顺床前,陈起高用梭标戳伤洪顺右乳,跌落床下声喊,陈福拔出身带尖刀,戳伤洪顺肚腹,周表二用斧背殴伤洪顺右额角,当时殒命。三人即将尸身,抬至屋后硐中,掩埋灭迹。维时吴吉弟闻声惊醒,于楼板缝内看见,不敢声张。次早,陈起高带同吴任氏母女逃至水鸭子地方居住,陈福、周表二亦先后前往,嗣经该县缉役访闻,并向吴吉弟问出实情,会团将该犯等一干拿获解县,讯供前情不讳。尚未拟办,陈起高在监病故,复提吴任氏等详加研讯,供仍相符,依律拟报高等检查厅,转送覆判。

理由:据右事实,陈起高、陈福、周表二等先后与吴任氏通奸,因恋奸情密,陈起高造意商同陈福、周表二、吴任氏等,将吴洪顺杀毙,以为长久同乐之计,约定遇便实行,是陈福、周表二、吴任氏对于杀毙吴洪顺之预谋,均有共同之意思,厥后着手实施,陈福、周表二并各与以重大助力,就事实、法理两方论定,均属共同正犯。吴任氏虽于实行时未同下手,然预谋之际,其意思已与陈起高、陈福、周表二等相互联络,继复于本夫行路疲困酣卧之余,往约陈起高等与以机会,令其即时下手,是该氏消极、积极之行为,咸已具备,亦应以共同正犯论罪,方为允当,且该氏以一妇人而私三奸夫,淫荡已达极点,该县依《暂行新刑律》第二十九条第一项,适用第三百十一条,各处以死刑,并无不合,除陈起高既经监毙,罪刑主体销灭,应勿庸执行外,吴任氏、陈福、周表二三犯,一俟奉部复准,依法绞决,惟原判未将陈福、周表二照第三百三十一条之规定,褫夺公权,不免疏漏。特为补充判决如主文。

右案应以本厅为第二审,照章并记。

中华民国二年十二月二十六日

本厅刑庭

审判长推事:林名正(印)

推　　事:赵希岳(印)

推　　事:董　正(印)

书 记 官:聂汝骅(印)

20. 贵州高等审判厅刑事判决高字第一八一号判决

被告人：宋长安，贞丰县人，年四十五岁，务农。

宋发有，贞丰县人，年六十一岁，木匠。

右被告人因共殴伤毙杨发二案，经贞丰县缉获审拟，呈报本厅，覆判如左：

主文：宋长安原判科刑之部分撤销，改处无期徒刑，并褫夺公权全部资格二十年。宋发有宣告无罪。逸犯陈金海获日另结。

事实：宋长安系杨发二妻弟，其姊宋氏先妻陈金海兄敬高，敬故后再醮杨发二，时常口角。民国元年二月，杨发二娶妾王氏，因愈不和睦，陈金海先后到来，拉杨发二赴城理论，行至半途，杨发二愤极，辱骂宋长安，陈金海回詈，杨发二向伊等抓殴，宋长安、陈金海将杨发二掀按在地，顺拾路旁木石，左右乱击，当时眼花手杂，不识何人殴伤何处，宋发有畏惧，在旁观望，并未下手帮殴，杨发二伤重，移时殒命，尸弟杨朝生闻信往看属实，赴县报案，经该县验明填格，缉获宋长安、宋发有到案，讯悉前情，按律拟处宋长安一等有期徒刑十四年又六个月，报由高等检察厅转送覆判。

理由：据右事实，宋长安共殴伤毙杨发二之所为，适犯《暂行新刑律》第三百十三条第一款之罪，原判引律尚无不合，惟科刑究不免失之轻纵。查该犯为杨宋氏之弟，该氏与夫不睦，家庭琐事法所难及，戚好亦不宜过问，然该犯前往干涉，犹得曰姊弟之情也。彼陈金海特宋氏前夫之弟耳，有何关系而亦随同争执，且前曾凭团理剖矣，此次又拉往城中理论，岂乡团不能劝息者，城中独能为之乎？该犯与陈金海共拉杨发二,彼即辱骂抓殴,然以两人共敌一人,彼以手击,此以手御,其行使正当防卫权,已绰有余裕,何得拾起路旁木石,竭力攒殴,致杨发二伤重,移时身死。况所谓辱骂抓殴,明恃杨发二已死,无可质证,特以一面之词巧为避就。细核本案情节,必系杨宋氏妒夫纳妾,口常为雀鼠之角目,遂因鸠鹊而反,该犯欲为其姊泄愤,约同陈金海藉故,拉杨发二进城理讲为名,即于途中将其痛击,以冀痛定思痛,从此不能不畏其妻之多助,而不敢与争,当时盛怒一发难遏,相率攒击,木石交加,遂至杨发二伤重殒命,该犯于事前,纵未必有杀人之决心,然下手时,虽将杨发二之致伤至如何程度,彼亦悍然不顾,以鳞伤遍体竟有十七处之多,死者殊觉可怜,该犯情极狠恶,应将原判撤销,依所犯第三百十三条第一款之罪,处以最高度之无期徒刑,情罪始能相当,并依第三百三十一条得褫夺公权之规定,褫夺所有第四十六条左列公权全部资格二十年。宋发有讯无当场助殴情事,应宣告无罪。逸犯陈金海获日另结。爰判决如主文。

右案应以本厅为第二审,照章并记。

中华民国二年十一月二十七日

本厅刑庭

审判长推事:林名正(印)

推　　事:董　正(印)

推　　事:赵希岳(印)

书 记 官:聂汝骅(印)

21. 贵州高等审判厅刑事判决高字第二〇四号判决

被告人：卫树成，四川人，年三十八岁，住贵州麻哈县东区，佣工。

右被告人因帮助伤害人致死案，经麻哈县缉获审拟，呈报本厅，覆判如左：

主文：卫树成仍处以二等有期徒刑八年，并褫夺公权全部资格十年。逸犯获日另结。

事实：卫树成由川来黔佣工度日，与已死罗老槐，素无嫌怨。民国二年五月内，该犯在李满家佣工。六月二十八日，同李满往平定司赶场，转回路遇罗老槐，李满向之索计旧欠，罗老槐求缓不允，彼此口角，李满拾得木棒，向罗老槐乱打，老槐之子罗成寿、罗双全上前救护，该犯卫树成帮助李满拿住成寿、双全，不许上前，李满遂殴伤罗老槐卤门、左右肩甲、脑后、脊背、左右腰眼等处倒地，经邻佑闻声前来劝解始散，罗老槐受伤过重，即于是夜身死，罗成寿鸣团集众，欲捕拿李满解县请究，当被脱逃，惟将卫树成拿获送案，经该县反复鞫讯，据供前情不讳，认为确定事实，依律拟议，呈由高等检察厅转送覆判。

理由：据右事实，卫树成于李满殴打罗老槐之际，拿住其救护之人，致老槐被殴身死之所为，适触犯《暂行新刑律》第三百十三条第一款之罪，盖该犯虽未于犯罪场合，帮同凶殴，而拿住其救护之人，使之不前，卒致罗老槐于死地，是其行为实与李满以重要助力，按之第二十九条第二项“于实施犯罪行为之际帮助正犯，准正犯论”之规定,应与李满同负第三百十三条第一款之责任,原判依据本条处以二等有期徒刑八年,并依第三百三十一条得褫夺公权之规定,褫夺其所有第四十六条公权全部资格十年,尚属允协,惟所引第二十九条并不指明第二项,究属疏漏,本厅特为更正,李满仍饬严缉,获日另结。判决如主文。

右案应以本厅为第二审,照章并记。

中华民国三年一月七日

本厅刑庭

审判长推事:林名正(印)

推　　事:龚兆赢(印)

推　　事:邓良焘(印)

书 记 官:聂汝骅(印)

22. 贵州高等审判厅刑事判决高字第二一五号判决

控诉人：宋伯勋，贵阳县人，年三十九岁，住飞山庙，贸易。

右控诉人对于中华民国二年十一月二十二日贵阳地方审判厅就其纠众滋闹所为第一审之判决声明控诉，经本厅审理判决如左：

主文：原判撤销，宋伯勋妨害安全之所为，处以五等有期徒刑十月，并褫夺公权全部资格三年。除未决期内，拘押日数，照律以二日折抵徒刑一日。

事实：宋伯勋，系宋张氏嫡堂夫兄，其父弟兄四人，庞氏之翁居长，张氏之翁居次，三房即伯勋之父，四房即宋瑞廷，宋老么之父，宋老长之祖。三四两房，早已分爨，惟长房、次房同居，即张氏之夫国正、庞氏之夫国勋。国正父开设宋华丰首饰铺，国勋同在铺中，照应生理，颇获赢余，晚年亲书遗嘱，所有家资国正、国勋两人共有。国正娶妻张氏，生有子女。国勋续娶庞氏，生子小八，年甫数岁，国正、国勋相继辞世，子母孤孀，门祚衰薄。张氏之子又复夭亡，伯道无儿，天道无知，若此幸也，曙后孤星，居然结离。张氏之爱屋及乌，亦人情之常也，然亦尚知大义，俟小八长成，以之兼祧。因铺中无人撑持，延伯勋代理，照给工资，殊伯勋、庞氏微有瓜李之嫌，张氏乃凭族人宋兴泉等理论，饬伯勋交出账目，给资辞退，庞氏亦即搬出，旋与张氏互控于贵阳地方审判厅，经民庭集讯，判令首饰铺仍归张氏经管，月给庞氏银五两，移进尚节堂，由族人为之经理资财，俟小八成人，兼祧承受，庞氏不服，上诉本厅，经民庭传讯，断令家资平分，张氏不服，上告大理院，尚未判决，亦不给庞氏月费。民国二年七月十九日,伯勋以送庞氏母子回家为名,约及宋老么、宋老长等,及妇女多人,齐集宋华丰铺内滋闹,人声鼎沸,紊乱异常,时有宪兵队及警士干涉,将宋伯勋扭送内南区,呈送高等检察厅,令饬贵阳地方检察厅起诉,同级审判厅旋据宋张氏以纠伙掳掠等情补诉,经该厅刑庭集讯,并传街邻周隆盛、赵明先等质证,按照《暂行新刑律》第一百六十五条第一款规定,判处宋伯勋以二等有期徒刑五年,并照第一百六十七条,褫夺公权全部终身。宋伯勋不服,控诉高等检察厅,起诉过厅,当经片请派员莅视提讯,并传集证人刘幼武、赵明先等到案证明,应即依律判决。

理由:此案宋伯勋先以瓜李之嫌辞退,即不应再往干涉,据该民称送庞氏母子回家系属善意,且经报告派出所警士,实非掳掠,被张氏诬控等语。查宋张氏既上告大理院,自应静候判决,即谓庞氏日食维艰,仅可向官厅请求,虽上告审如何判断无由预知,仍可暂时通融,令张氏稍支款项,以资应用,将来即以此数抵除,绝无漠视寡妇孤儿,任其枵腹候判之理,况自起衅至今九阅月矣,庞氏并未断炊,则当时更非刻不容缓可知,该氏女流,无足深责,伯勋果属善意,当劝令少安勿躁,来厅请求,乃计不出此,竟约集男妇多人,踵门喧哗,纷扰异常,致令观者如堵,张氏之以掳掠具诉,虽不免过甚其辞,然当日其势凶凶,彼妇女之观察,焉有不作如是解者耶,使无宪兵警士前来,恐以善意始,未必以善意终,况善意犹出于强词夺理乎。原判据宋张氏所诉及街邻供词,照《暂行新刑律》第一百六十五条第一款科断,情罪不甚相符,应即撤销,另为判决。宋伯勋于宋张氏等诉讼进行中,以送庞氏进家为名,约集男妇多人,向宋华丰铺中任意抓吵,实属妨害安全,应照新刑律第三百五十七条规定,处以五等有期徒刑十月,并照第三百六十六条规定,褫夺其第四十六条所列公权全部资格三年。查该民系于民国二年七月二十六日收所,三年四月二十四日宣示判决,五月三日确定,计未决期内被押二百七十八日,折抵徒刑一百三十九日，尚应执行刑期五月又十一日。特更正判决如主文。

右案由高等检察厅检察官蹇先昌莅庭，执行检察职务。

中华民国三年四月二十四日

本厅刑庭

审判长推事：林名正（印）

推　　　事：赵希岳（印）

推　　　事：章家骥（印）

书　记　官：陈　燊（印）

23. 贵州高等审判厅刑事判决高字第二二〇号判决

被告人：邓元兴，四川潼川县人，年三十岁，寄居南笼县城隍朝街。

保潘氏，南笼县人，年三十六岁，住所不明。

右被告人因意图营利略诱妇女案，经南笼县审拟，呈报本厅，覆判如左：

主文：邓元兴、保潘氏，仍各处以一等有期徒刑十二年，邓元兴并剥夺公权全部资格终身。许么妹交其父许廷芳具领，原银追缴给领。

事实：邓元兴与保潘氏素识，因贫相商，拐卖妇女得银分用，保潘氏稔知，城内许廷芳家有幼女名么妹，遂唆令邓元兴往诱到家，邓元兴于民国二年十一月九日夜晚，买米粑二个，将许么妹诱至保潘氏家，邓元兴并言诱到坡脚地方，方可多卖身价，然又苦无盘费，保潘氏当向康卯英借获白布小衣一件，典得钱二百文，交邓元兴作路费，该犯将许么妹引至坡脚，卖与梁广老，假称姓余名玉顺，么妹是亲生之女，现因无钱，愿将出卖等语，梁广老信以为实，即与议定花银二十五圆，将许么妹买去，该犯携银归，与保潘氏均分，许么妹父廷芳报经南笼县，于十一月十九日将该犯等拿获到案，讯供前情不讳，依新刑律第三百五十一条规定，各拟以一等有期徒刑十二年，具文呈请高等检察厅转送覆判。

理由：据右事实，邓元兴、保潘氏意图营利，同谋略诱妇女，卖获银元之所为，适与《暂行新刑律》第三百五十一条之罪刑相当，应照本条无期徒刑或二等以上有期徒刑科断。查该犯妇保潘氏，虽仅于事前同谋，而于实施犯罪之际，并未帮助，然教唆邓元兴前往诱拐，其行为已属造意，按照第三十条规定，应依正犯之例处断，该县仅依第三百五十一条酌中各处以一等有期徒刑十二年，而未将共同之理由及适用何条之律文引出，并未科邓元兴从刑，均属疏漏，本厅特为补充，依《暂行新刑律》第三百五十一条规定，仍照原判各处一等有期徒刑十二年，并依第三百五十六条规定，褫夺邓元兴所有第四十六条所列公权全部资格终身。许么妹饬许廷芳具领，该犯等所获梁广老银两照追给还。梁广老讯系实不知情，应免置议。爰判决如主文。

右案应以本厅为第二审，照章并记。

中华民国三年一月十三日

本厅刑庭

审判长推事：林名正（印）

推　　　事：邓良焘（印）

推　　　事：龚兆赢（印）

书　记　官：聂汝骅（印）

24. 贵州高等审判厅刑事判决高字第二二一号判决

被告人:余树清,遵义县人,年三十二岁,无业。

李树清,贵筑县人,年二十二岁,务农。

右被告人余树清因听纠行劫、李树清因名与贼同由团拿解修文县审拟,呈报本厅,覆判如左:

主文:原判撤销,余树清强盗未遂罪处二等有期徒刑九年又六月,并褫夺公权全部资格终身。李树清宣告无罪。逸犯获日另结。

事实:余树清于民国二年八月一日,在修文县属养龙站地方,会遇在逃之刘麻子即刘树臣,谢丙臣、小何及一姓黄之人坐地闲谈,刘树臣言有滇商唐朝珍、邵德臣二人怀挟多金贩马,今宿于此,明日须到美竹青等处采买,必由霸王坡地方经过,起意纠约拦劫得赃分用,预定在霸王坡会齐,余树清等应允各散。次日,刘树臣等先后前往,该犯余树清因病落后,移时刘树臣等遂将唐朝珍等拦劫,并拒伤事主邵德臣两臂膊等处,搜得赃物欲逃,该犯旋至刘树臣,分给该犯票银一锭、片银三件、包肚一个,嘱勿声张各散,旋被事主报经差团,拿获余树清,并起获原赃解案,维时团甲刘树之在省撞遇李树清,因其与余同名,扭交贵阳县,转解修文县,一并提案,讯悉前情,赃物发交事主领回,李树清并非此案正贼,质之该犯,亦称素不认识,确系同名,误被团甲扭解,该县认为确定事实,按律议拟,呈由高等检察厅转送覆判。

理由:余树清听从刘树臣纠约,拦劫唐朝珍、邵德臣,因病落后,虽于犯罪结果之场合未曾参与其间,而行为已经着手,系属未遂罪,应照《暂行新刑律》第十七条规定，于第三百七十四条第一款本刑上减一等科断，其事后收受赃物，系属行劫后应有事实，不能独立成为一罪。夫数个之犯罪行为而目的、手段系属一致进行者，尚须以一罪论，况该犯之收受赃物原因、结果联络一致，自应为前之行为所吸收，惟原判引第三百七十四条规定，减一等，处以一等有期徒刑十一年，实属错误查。第三十一条所载“于实施犯罪行为以前，帮助正犯者，为从犯”，余树清于事前听从刘树臣纠约拦劫，并非帮助，该犯如约而往，犯罪业经着手，特因病落后致不能生犯罪之结果，只能以未遂减等，不能以从犯减等，原判认为从犯，殊欠允协，应即撤销，由本厅另下判决。余树清应照第十七条规定，于第三百七十四条第一款本刑上减一等，处二等有期徒刑九年又六月，并依第三百八十条规定，褫夺其第四十六条所列公权全部资格终身。李树清讯因名同误被扭获，应宣告无罪。逸犯获日另结。特更正判决如主文。

右案应以本厅为第二审，照章并记。

中华民国三年二月六日

本厅刑庭

审判长推事：林名正（印）

推　　事：章家骥（印）

推　　事：赵希岳（印）

书 记 官：聂汝骅（印）

25. 贵州高等审判厅刑事判决高字第二二二号判决

被告人:张老七,四川涪州人,年二十二岁,住县属高坡,无业。

田老方,婺川县人,年二十二岁,住县属黄金树,无业。

向保臣,湖南龙山县人,年三十八岁,住县属黄金树,无业。

右被告人因迭次行劫案,经施秉县缉获讯拟,呈报本厅,覆判如左:

主文:原判撤销,张老七伙劫张八字家之所为,处以无期徒刑;又拦劫李双合之所为,处以死刑;又搕取张三银两之所为,处以二等有期徒刑八年;又受寄张老六赃物之所为,处以三等有期徒刑四年。田老方、向保臣抢劫张学云家之所为,处以无期徒刑;又拦劫张学云之所为,处以死刑,三犯均应执行死刑,并各褫夺公权全部资格终身。土枪三支、赃物二件没收之,余赃花用免追。逸犯获日另结。

事实:张老七,向入逸犯田炳南公口,充当大老么,田老方、向保臣亦系田炳南同党。民国元年十月十二日,张老七与田炳南、张廷贵、周巴子等十数人,抢劫独花居住之张八字家,得赃分用。冬月初间,又与田炳南、张廷贵、向虎臣、沈登高在途拦劫李双合衣物、银两,复将其挪至桐木冲吊搕,得银二十两分用。该犯等又曾于九月内,搕索高寨张三银二十两,旋被差团拿获,并在其家起获红羽毛马鞍套一个、朝珠盒一个、土枪三支,据供系其族兄张老六抢得新州谭千总家之物,此次同被围拿,张老六拒伤团丁而逸,传集事主张八字、李双合到案证明,惟张三未经传到,田老方、向保臣亦于元年阴历十月二十八日，伙同田炳南、张汉清、张老六、周巴子、向老么等共十五人，抢劫长拗张学云家，仅获牛猪各一只，回至途中，遇见张学云，将其捉住，搜得钱文，复挪至桐木冲小林内吊搕，许银二十八两取赎，令旁人吴贵生往唤张学云素识之石云章担保，始得释放。至冬月初间，将银过付，俱各分用。经该县拿获该犯等，传集张学云、石云章，与之质讯，田老方直供不讳，向保臣异常展狡，该县分别据供据证，拟报高等检察厅，转送覆判。

理由：据右事实，张老七听从田炳南等纠劫张八字家之所为，适触犯《暂行新刑律》第三百七十三条第一二款之罪，又纠同拦劫李双合之所为，触犯第三百七十四条第一款之罪，第一罪原判拟处无期徒刑，第二罪拟处死刑，均尚适法。其共同搕索张三之所为，触犯第三百七十条之罪，该县以未经事主质证，即不科断，不知该犯既经自白，事实已确，安得以未经质证，遂而轻纵，本厅特依第三百七十条之规定，处以二等有期徒刑八年。至其受寄赃物，虽系其族兄张老六所托，然并非义不容辞之事，应依所犯第三百九十七条第二项，科以三等有期徒刑四年。田老方、向保臣共同强劫张学云家之所为，应依第三百七十三条第一二款处断；又在途拦劫张学云之所为，应依第三百七十四条第一款处断。盖犯罪之目的虽一，而场合各异，原判依第二十九条第一项认该犯等为共同正犯，按照第二十三条各科其刑，并依该条第一款之例，将该犯等各执行死刑，均属允协，惟从刑不应重科，张老七、田老方、向保臣均依第三百八十条之规定，褫夺其第四十六条所列公权全部资格终身。逸犯田炳南等，迭犯重罪，由该县严缉，获日另结。起获之土枪三支、赃物二件，依第四十八条第二款没收。判决如主文。

右案应以本厅为第二审，照章并记。

中华民国三年一月十五日

本厅刑庭

审判长推事:林名正(印)

推　　　事:赵希岳(印)

推　　　事:董　正(印)

书　记　官:聂汝骅(印)

26. 贵州高等审判厅刑事判决高字第二二六号判决

被告人: 周登鳌,镇宁县人,年三十五岁,住雷照堡,务农。

右被告人因弑父图骗案,经镇宁县审拟,具报本厅,覆判如左:

主文: 周登鳌仍照原判,处以死刑,并褫夺公权全部资格终身。凶刀供弃免追。周登鱼及周袁氏等,均免置议。

事实: 周登鳌系周世顺子,其母早殁,与兄周登鱼分居各爨,每月轮流供父饮食。民国二年十二月轮到该犯供养,适其妻袁氏带领其子,往么铺帮工数日未回。十五日,家中无米为炊,下晚时,周世顺自窑上归来,上床昏睡。该犯平日忤逆,其兄屡戒不听,至是更加厌弃,复忆及族人周子厚曾与争田兴讼,思杀其父,以图诬告,趁周世顺未醒,持刀戳伤右胁,周世顺乱滚一阵,旋即身死,该犯用草掩盖,往告其兄周登鱼、其姊蔡周氏,捏称不知被何人杀死,恐系周子厚所杀,周登鱼与蔡周氏同往欲看伤痕,该犯不允,周登鱼等疑而穷究,始说出真情,周登鱼当即报请团证郭文荦等前来,将该犯拿获解案,经该县驰诣勘验属实,提讯该犯,据供前情不讳,按律议拟,呈由高等检察厅转送覆判。

理由: 据右事实,周登鳌弑父图骗之所为,适触犯《暂行新刑律》第三百十二条之罪,应依本条处死刑科断。查该犯为周世顺亲生之子,其父年已八十,来日能有几何,乃平时辄出怨言,至是无米为炊,复挟周子厚兴讼之嫌,竟手刃其父,以图诬告他人,此等人中枭獍,实为覆载所不容,骇人听闻,殊属罕见。若不立处死刑,何以正人心而彰伦纪。该县依第三百十二条规定,拟处死刑,并依第三百三十一条褫夺公权规定,褫夺第四十六条所列公权全部资格终身,洵属允协,应照原判。周登鱼及周袁氏均不知情,应免置议。凶刀犯供丢弃免追。爰判决如主文。

右案应以本厅为第二审,照章并记。

中华民国三年一月九日

本厅刑庭

审判长推事:林名正(印)

推　　　事:章家骥(印)

推　　　事:龚兆赢(印)

书　记　官:聂汝骅(印)

27. 贵州高等审判厅刑事判决高字第二三一号判决

被告人:谭天威,关岭县人,年二十二岁,住板屋,务农。

右被告人因放火杀人案,经关岭县审拟,呈报本厅,覆判如左:

主文:原判对于谭天威所科侵占罪及从刑之部分撤销,谭天威诈欺未遂之所为,处以拘役一月又二十日;放火之所为,处以二等有期徒刑八年;共同杀人之所为,处以死刑,应执行死刑,并褫夺公权全部资格二十年。逸犯获日另结。

事实:谭天威即谭吉安,与兰天泽即兰老七,先本无仇。因兰老七父良臣,曾买谭天威板屋地方庄业,价清契税,招佃耕管有年。民国二年春间,良臣病故,天威因老七懦弱,起意诈搕,捏称前卖庄业,尚有价银一百两未兑清楚,向老七索补不遂,即搬入其屋估住,必欲补足此银方退,旋互控到案,经关岭县讯明,将天威拘责示儆,判令老七仍照契管业,讵天威释回,不但违断不遵,又估抢去老七田谷二挑,老七续控请究,天威益忿,起意藉事陷害,遂于是年十一月三日晨,商同伊弟谭老冬,将估坐之庄屋烧毁,并杀毙侄女谭孝妹,图赖老七泄愤,老七闻知,先行投团报案,旋据天威以烧毁杀人等情呈报,经该县勘验属实,提传两造及邻证杨老金、团甲卢政谟等质讯,天威供认前情不讳,依律议拟,呈请高等检察厅转送覆判。

理由:据右事实,谭天威诈欺兰老七未遂之所为,适犯《暂行新刑律》第三十三章第三百八十二条第一项之罪。查第三百八十八条规定本章之未遂犯罪之……,又第十七条第三项规定“未遂罪之刑,得减既遂罪之刑一等或二等”,谭天威此一行为应酌减一等,于所犯

第三百八十二条主刑上，减为四等至五等有期徒刑或拘役，处以拘役一月又二十日，原判认为侵占罪，处以第三百九十二条之刑。案构成该条之罪，须具备二要件：(一)要侵占因公务上之管有物、共有物或属于他人之所有权、抵当权及其他物权之财物；(二)要侵占因业务上之管有物、共有物或属于他人之所有权、抵当权及其他物权之财物。本案谭天威因兰老七懦弱，起意诈搕其财，遂藉口卖价不清，搬入出卖与彼之庄屋内估住，意在借此恐吓，使兰老七交付银一百两与已，其意思行为均无上列二要件之一，原判引第三百九十二条处断，实属错误，故将此部分撤销，由本厅另为判决。其共同谭老冬烧毁庄屋之所为，适犯第一百八十七条第一项之罪；又共同杀毙谭孝妹之所为，适犯第三百十一条之罪，均应依第二十九条第一项各科其刑，并适用第二十三条第一款规定执行之。原判于放火罪，仅引第一百八十七条，未揭明第一项；又放火杀人两罪，虽知引用第二百零二条及第三百三十一条后段得褫夺公权之规定，然并未依第四十七条论断，概予以褫夺公权全部资格终身，实属违法，故一并撤销，另行依法宣告。至估抢田谷，该犯既未供认，邻团亦无证明，应勿庸议。逸犯谭老冬获日另结。据上理由，特判决如主文。

右案应以本厅为第二审，照章并记。

中华民国三年一月二十一日

本厅刑庭

审判长推事：林名正(印)

推　　事：邓良焘(印)

推　　事：董　正(印)

书 记 官：聂汝骅(印)

28. 贵州高等审判厅刑事判决高字第二三四号判决

控诉人：唐秉权，贵阳县人，年三十岁，住川心堡，办团兼任教。

右控诉人对于贵阳地方审判厅就其伤害人及妨害公务所为第一审之判决，声明控诉，本厅审理判决如左：

主文：原判撤销，唐秉权殴伤周曹氏一罪，处四等有期徒刑一年；抓伤陈耀堃一罪，处五等有期徒刑十月，应执行有期徒刑一年又四月，并褫夺公权全部资格三年。其扯失陈耀堃时计一个，着照价赔偿。未决拘押日数，照律以二日折抵徒刑一日。

事实：唐秉权办理川心堡团务，并充该地小学校教员。民国二年春间，因乡民周在富、李海清等违禁种烟，经都督府派出禁烟副官萧立中查觉，即将所种化香坡等处之烟土各一块，罚入该学校，以为经费之补助，给予亲书执照，唐秉权因校款奇绌，乃督率学生栽种植物，冀收取果，实以作笔墨之资。李海清气愤，常来土中偷取所植之物。是年九月十四日，在富之子于该土内偷摘豆子，秉权闻报前往查看属实，当即用言申斥，并掌责一下，其母周曹氏出而滋闹，秉权随用木棒殴伤其左膁肕、左曲秋、左腿肚等处，并将其家中神龛打毁，在富控经贵阳初级检察厅，派法警陈耀堃前往查勘明确，饬提秉权讯究，秉权狃于旧习，以为公家员役办案来乡，例应致送食宿各费，爰备银壹两伍钱，以相赠与，该警坚辞不获，即将银数批明票中。次日，秉权乘马随同赴案，该警不许，秉权谓现在自已是否罪犯尚不可知，何逐禁其乘骑，沿途舌闹。次日启行时，又复因此争执。迨行抵距城五里之太慈桥，有罗墙梅、左老二赶至，皆系唐秉权亲戚，陈耀堃恐有夺回秉权之意,乃欲用绳将其捆缚,秉权谓无此办法,撑拒不从,互相抓扭,唐秉权遂抓住该警,往校长雷访之家理剖,致将耀堃咽喉抓伤,并扯失时计一个,耀堃当报警区,护解至贵阳初级检察厅,验明该警受伤不虚,呈送贵阳地方检查厅起诉,地方审判厅审讯,判处唐秉权以殴伤周曹氏,又打毁其家神龛,复对司法警察行贿,及抓扭陈耀堃致伤,并妨害公务各罪,按照俱发罪之例,定执行刑期为六年。该犯不服,控诉前来。

理由:据右事实,原判对于该犯所科各刑,其错误之点有三:查该犯虽有打毁神龛之犯行,究系于殴打周曹氏时为之,所谓以犯一罪之方法而生他罪之结果,应依《暂行新刑律》第二十六条规定,从一重处断,原判竟于科伤害罪之外,又科以毁损他人所有物罪,错误一;又该犯抓扭法警致伤之行为,固触犯刑律第一百五十三条妨害公务罪,然既依本条第三款之例,援用第三百十三条伤害罪科断,即不应复科以第一百五十三条第一款之罪,原判认为二个行为处以二个罪刑,错误二;至馈送银雨虽有行贿之嫌,然该犯致送时,并无何等之目的,亦无何等之要求,不过狃于旧习,对于官厅员役赴乡办案,应备食宿各费,遂贸然为之,其无犯罪之故意,昭然若揭,原判认为行贿,不特烦苛,且与律义不合,错误三。况其犯罪原因,出于保存学校公物之善意,心术已有可原。至抓伤法警陈耀堃,固属该犯之粗暴,然该犯为学校教员,被传赴案,非若被拘之凶犯,该警乃欲加以绳缚,未免操切过甚,该犯拒而不受,具有理由,不得谓为妨害公务,原判于此部分不加体察,殊失情法之平,特行撤销,另下判决。唐秉权殴伤周曹氏之所为,依第三百十三条第三款,处以四等有期徒刑一年;其抓伤法警陈耀堃之所为,亦依本条处以五等有期徒刑十月,罪系具发,应照第二十三条第三款规定,于两刑合并之刑期一年又十月以下,其中最长之刑期一年以上,定执刑期为一年又四月,并依第三百三十一条,褫夺其所有第四十六条公权全部资格三年。

至该控诉人供称，馈送银两，系由与陈耀堃同行之毕姓代为需索等语。查地初两厅审讯时，并无此等供词，显系变易事实，希图诿卸，勿庸置议。充公土地，仍归该校管有。扯失陈耀堃时计，应由该犯照价赔偿。查该犯系于民国二年九月二十八日收所，至民国三年三月二十七日宣判，四月六日确定，计未决期内共被羁押一百九十日，按照第八十条规定，得折抵徒刑九十五日，尚应执行有期徒刑一年又二十五日。判决如主文。

右案由高等检察厅检察官蹇先昌莅庭，执行检察职务。

中华民国三年三月二十七日

本厅刑庭

审判长推事：赵希岳（印）

推　　事：章家骥（印）

推　　事：邓良焘（印）

书 记 官：艾绍英（印）

29. 贵州高等审判厅刑事判决高字第二四五号判决

被告人：唐其祥，青溪县人，年六十九岁，住关口，务农。

吴老冬，青溪县人，年十八岁，住关口，务农。

刘老方，四川秀山县人，年二十四岁，住关口，裁缝。

右被告人因共同谋杀案，经青谷溪县审拟，呈报本厅，覆判如左：

主文：唐其祥、吴老冬、刘老方均照原判，处无期徒刑，并各褫夺公权全部资格二十年。凶刀锄头没收之。

事实：唐其祥娶妻蔡氏无子，于前清光绪十六年抱养全老三，时甫两龄，蔡氏溺爱，遂致成人后，不务正业，在外游荡，唐其祥屡戒不听。民国二年四月二十日，唐其祥又复教训全老三，反出言抵触，当即投请本区团首张华科理剖，张华科劝令须务正业，不可抵触尊长，讵全老三始终不改，唐祥欲逐之出外，全老三乱骂，经唐蔡氏劝解，唐其祥斥妻纵容，唐蔡氏即于次日带领年甫十龄亲生之子，往思县寻亲，唐其祥因全老三忤逆，起意杀死以绝后患，恐全老三凶悍，独力不能制服，密请吴老冬、刘老方帮同下手，议定酬钱三十千文，亲笔立字为据，吴老冬等允从。二十九日早晨，全老三睡熟未醒，约同捆缚拖到灯盏形地方，吴老冬用勾勾刀砍伤其左手腕，刘老方用锄头殴伤其额颅，唐其祥用柴刀砍断其咽喉，登时毙命，将尸掀入坑内，用土掩埋各散，事后吴老冬、刘老方向唐其祥要钱，唐其祥央缓，嗣于七月二十日经青溪县访闻，差缉唐其祥、吴老冬、刘老方到案，并驰诣该处勘验填格通报，提讯唐其祥、吴老冬、刘老方等，各供认前情不讳，依《暂行新刑律》第三百十一条之规定，各处以无期徒刑，呈请高等检察厅转送覆判。

理由：据右事实，唐其祥、吴老冬、刘老方共同杀死全老三之所为，适触犯《暂行新刑律》第三百十一条之罪，应照本条死刑、无期徒刑或一等有期徒刑科断。查全老三为唐其祥养子，抚育二十余年，业已成立，平日既不务正业，又不听教训，唐其祥恐其惹祸，起意谋杀，固不免过于残忍，惟遇此等不肖，忘其抚育之恩，任意抵触，并敢肆口詈骂，实为情所难忍。唐其祥因年老力衰，往约吴老冬、刘老方帮助，许以报酬。该二犯贪得唐其祥三十千文酬谢，助人杀子，均属非是，原判照新刑律第三百十一条本刑范围内，均各处无期徒刑，尚属允协，惟不引用第二十九条，且褫夺公权，亦无年限，微有疏漏，本厅特为补充，照第二十九条及第三百十一条规定，将唐其祥、吴老冬、刘老方，仍照原判均处无期徒刑，并依第三百三十一条得褫夺公权之规定，均各褫夺第四十六条所列公权全部资格二十年。凶刀锄头照第四十八条第二款没收。爰判如主文。

右案应以本厅为第二审，照章并记。

中华民国三年二月十八日

本厅刑庭

审判长推事：林名正（印）

推　　事：董　正（印）

推　　事：邓良焘（印）

书 记 官：聂汝骅（印）

30. 贵州高等审判厅刑事判决高字第二五二号判决

被告人:张银生,四川綦江县人,年二十六岁,佣工。

右被告人因谋杀案,经绥阳县审拟,呈报本厅,覆判如左:

主文:原判撤销,张银生处以死刑,并褫夺公权全部资格二十年。

事实:张银生籍隶四川綦江县。早年来绥阳县赵五甲地方佣工,与已死娄老么常同作工,素无嫌怨,见其妻娄王氏偶因子女与夫口角,起意谋杀娄老么,而娶王氏。民国二年十一月二十八日,向娄老么假称买得窃牛一头,约往松坎出售,得钱分用,娄老么信之同行,至十余里之鱼池洞地方,路旁有硝硐一个,该犯假说牛在硐内,娄老么往看,该犯从后掀跌硐内身死,逃匿他处。十二月二十七日,转回诳报娄王氏,言其夫在途被滩匪打死,当经掩埋,王氏悲啼,该犯劝令嫁为己妇,王氏心疑,暗投团甲,传往清问,说出实情,将该犯解案,经绥阳县勘验填格,具报提讯,据供前情不讳,按律议拟,呈由高等检察厅转送覆判。

理由:查《暂行新刑律》第三百十一条载"杀人者处死刑无期徒刑或一等有期徒刑",第三百三十一条载犯第三百十二条、第三百十四条第一款、第二款及第三百二十六条之罪者,褫夺公权,除第三百二十四条外,犯其余各案之罪者,得褫夺之各等语。此案张银生谋杀娄老么身死之所为,应依第三百十一条、第三百三十一条科断,原判依第三百十三条伤害致死罪,科以无期徒刑,盖泥于条文,杀人罪以为必有刃而后成立,不知杀人只视其有决心与否,固不必问以何种方法杀之也。张银生见娄老幺夫妇口角，辄欲杀其夫，而娶其妇，诳以卖牛诱至中途，推堕硐中身死，是致死之决心，已非一日，虽推堕硝硐时，无何种机械，以助其残杀，然一堕即死，杀人罪已完全成立。该县照伤害罪，科以无期徒刑，且不依第三百三十一条得褫夺公权之规定，竟褫夺公权全部资格终身，均属错误，应即撤销原判，由本厅更为判决，依第三百十一条、第三百三十一条、第四十七条、第四十六条处断。特判决如主文。

右案应以本厅为第二审，照章并记。

中华民国三年二月二十五日

本厅刑庭

审判长推事：林名正（印）

推　　事：赵希岳（印）

推　　事：章家骥（印）

书 记 官：聂汝骅（印）

31. 贵州高等审判厅刑事判决高字第二五五号判决

被告人：李子元，赤水县人，年二十五岁，住复兴场，小贸。

右被告人因伤人病死案，经赤水县审拟，呈报本厅，覆判如左：

主文：原判撤销，李子元处以二等有期徒刑九年，并褫夺公权全部资格二十年。

事实：缘已死蒋德廷，系蒋万顺子，素营米业。民国二年十一月十五日，蒋德廷运米往复兴场赶集，有戴清廷向之购买，蒋德廷遂取市置公升量米，未毕适李子元索升，蒋不给，李气愤与蒋抓殴，李拳伤蒋鼻梁，并踢伤肾囊，经众劝解各散，蒋德廷即赴茶馆，向戴清廷索取米价钱四百八十文，复向素识之王树林预约，出卖红岩沟谷一石，价钱四千五百文，当得钱二千五百文，下余二千文议定翌日摭谷时补清，旋即分散，蒋德廷回家，至鸡鸣时身死。次日，王树林走问尸父蒋万顺，询悉投团，拿获李子元解案，经该县勘验，传集一干人证质讯，该犯李子元供认与蒋德廷抓殴，不认脚踢，更由该县证明蒋德廷之死，李子元不应完全负责，列举五项于下：

一谓蒋德廷肾囊部位一伤，虽属致命，然验时仅微红色，肾子全，不硬不肿，按之《洗冤录》所载，肾囊伤轻，不能致命。

二验得蒋德廷胸胁高，肚腹平，青黄色，用银针探入咽喉，稍现金黄色，斜视则现紫赤色，与《洗冤录》所载寒症死之状态相合。

三蒋德廷被殴伤后，如肾囊受伤沉重，势必昏倒，何能向戴清廷索取米钱，与王树林预约卖谷？

四蒋德廷受伤后，如果被人抬置于门首，则复兴场距其所住之地点，计十六里且，系赶集日期，经过之地，侦察已久，讫无影响，且据戴清廷供，见其好好的，走起回家，此言较为明确。

五凶犯李子元，虽再三隔别研讯，仅供认抓殴，并供鞋已丢弃，无从比对，然以李子元上米市时，所着皮鞋证之。一经抓殴，势必无意一踢，此则讳之无可讳者矣。就以上诸证观之，蒋德廷之死系由受伤后，保卫不谨，邪入阴经之所致。

以上五项，经该县认为确定事实，按律议拟，呈由高等检察厅转送复判。

理由：据右事实，李子元殴伤蒋德廷，因病身死之所为，适犯《暂行新刑律》第三百十三条第一款之罪，应照无期徒刑或二等以上有期徒刑科断，原判分别证据五项，似宜适用本条第三款，然死者虽不尽由于伤，但因伤而病死，实有密接之关系。该县于本刑范围内，酌中处以一等有期徒刑十三年，尚无不合，乃复引第五十四条，谓为减等，殊属错误。李子元因争夺米升小故，动辄殴人，有何心术可按，况新刑律每一罪至少亦有两种主刑，仅可斟酌处断，何必辗转迁就，而仍不出范围，应即撤销。查蒋德廷所受各伤，均不足以致死，而伤后竟病以亡，初非李子元预料所及，是其情节较轻，应由本厅自为判决，仍依第三百十三条第一款规定，改处二等有期徒刑九年，并依第三百三十一条及第四十七条之规定，褫夺其第四十六条所列公权全部资格二十年。特更正判决如主文。

右案应以本厅为第二审，照章并记。

中华民国三年三月五日

本厅刑庭

审判长推事：林名正（印）

推　　事：章家骥（印）

推　　事：赵希岳（印）

书　记　官：聂汝骅（印）

32. 贵州高等审判厅刑事判决高字第二五九号判决

控诉人:陈恩恩,贵阳县人,年三十二岁,住把关下力。

右被告人对于中华民国三年一月十九日贵阳地方审判厅就该犯伤害人及强取他人所有物所为第一审之判决声明控诉,经本厅审理判决如左:

主文:本案控诉驳回。

事实:陈恩恩及陈子清,于民国二年阴历六月内,有婺川县人杨忠培至该处龙盘寺地方,买得漆树三四十株,雇该犯为之割取其汁,每日给以工资银七分,并无短欠。七月三十日,忠培雇该犯运漆进省售卖,得代价及收账共银十五两,与陈恩恩同回,在其家住宿。次日,该犯邀杨忠培至向子明家吸烟,由忠培取银开账,向见多金,即与陈商议,揢诈分用,乃将假银一块,诬为杨忠培所给,遂共殴之,并夺其银。陈恩恩分得银一两五钱,杨忠培投报甲首郭炳章等,断令陈恩恩退出所得之银外,加五钱,共成二两,藉以养伤。陈将银交与雷国峰付给,又被向子明取去,忠培具状于贵阳地方检察厅,起诉同级审判厅,将陈恩恩伤害人一罪,判照《暂行新刑律》第三百十三条第三款,处五等有期徒刑五月;强取他人所有物一罪,照第三百七十条处以三等有期徒刑三年,定执行刑期为三年又二月。该犯不服控诉前来。

理由:查控诉人不服论点,分事实、法律二部:事实论点谓,该犯之行为并非抢劫,不知第三百七十条强盗罪之成立,以强暴、协迫、强取他人所有物为构成之要件,今该犯强取杨忠培之银,其手段实属强暴，原判依律科罪，甚为允协，所科非第三百七十三条之罪，乌得以并非抢劫为狡饰，此其理由不能成立。至法律论点约分为三：一谓该犯系正当防卫。查杨忠培对于该犯未尝有不正之侵害，其防卫权无自而生；二谓原判科刑不应适用最高度。查量罪科刑为审判官独立之权限，适用何种限度但在法律范围内，无论何人不得干涉。该犯乃以适用最高度法定刑等为上诉理由，殊属野蛮。三谓当酌减而不酌减。查第五十四条之规定“审按犯人心术及犯罪之事实，其情轻者，得减本刑一等或二等”。本案该犯行为并无可原之情节，亦无减等之必要，况条文系属得减，予裁判官自由裁酌之权，准减与否，非他人所能要求。该犯乃以为原判之不合，尤为荒谬。据上论点，控诉毫无理，由本厅查核，原判亦无错误，应即驳回，控诉判决如主文。

右案由高等检察厅检察官蹇先昌莅庭，执行检察职务。

中华民国三年四月九日

本厅刑庭

审判长推事：林名正（印）

推　　事：赵希岳（印）

推　　事：章家骥（印）

书 记 官：艾绍英（印）

33. 贵州高等审判厅刑事判决高字第二七八号判决

控诉人:池玉清,四川人,年二十三岁,住三才巷,裁缝。

右控诉人对于中华民国二年十月二十五日贵阳地方审判厅就该犯迭次盗窃所为第一审判决声明控诉,本厅审理判决如左:

主文:本案控诉驳回,仍维持原判之效力。

事实:池玉清虽以裁缝营生,然素行窃盗,与因本案同时被获之李应康等,共为一伙,乘机分头窃取他人所有物。民国二年九月一日,该犯与未获之高老满侵入西会馆黄宅,窃得纱马褂及表各件。十一日,又独自侵入都司桥范宅,窃得铜磬及香炉。十三日傍晚,又侵入苏家桥不识姓名住宅,窃得棉被一床。同月不计日期傍晚,又侵入次南门刘宅,窃得女标布衫一件,当将棉被卖银一两使用。嗣经各事主先后报告,警区将该犯及李应康等拿获,并于该犯家内取获原赃多件,分别传集事主认领,随将该犯及余赃送交贵阳地方检察厅起诉,经同级审判厅提案审讯,据供前情不讳。该厅认该犯之所为,实属扰害治安,对于该犯所犯之四个窃盗罪,各处以三等有期徒刑四年,于各刑合并之刑期十六年以下,其中最长之刑期四年以上,定其执行刑期为十一年。其同时被获之李应康一名,合并科定执行刑期为二十年,李云臣一名科二等有期徒刑五年,李应康等均已输服确定,惟该犯不服,声明控诉,经本厅审讯,再三研鞫,该犯仅认窃过都司桥范姓、苏家桥某姓二事,至西会馆黄姓被窃各物,该犯始供并不在场,嗣经多方驳诘,方承认不讳,惟存厅余赃蓝标布女衫一件,该犯坚称系同业刘春廷托作之物,当传刘春廷到案辨认,据供托作女衫诚有其事，惟并非此衣，诘以何时之事，答系客岁九月，随提该犯复讯，犹复狡供，五月内刘春廷因此衣太大，托其改小，经刘春廷与之质对，始俯首无辞。案经讯明，应即判决。

理由：本案该控诉人提出论点，分事实、法律二部：其事实论点谓，存厅女衫确系同业托其改作之物，并非行窃所得等语。现经刘春廷到案证明，托改之衣与此不合，是此衣之为赃物，已属显然，实无狡赖之余地。至法律点称，该犯不过被人引诱，偶犯法条，并科刑期未免过长，实有不服等语。查审判官适用法律，但在本条范围内者，无论用轻用重，均有自由裁量之权，且所谓偶发之犯罪者，系因一时之动作，非本于素习之行为，故法律上略为矜原，早予自新之路。今该犯于一月之内，迭次行窃至四五处之多，谓非惯贼，其谁能信，以此为控诉理由，尤为荒谬。本厅就迭次讯得之情形，以衡地方审判厅之原判，该厅援《暂行新刑律》第三百六十八条第一款及第三百八十条规定，而依第二十三条第三款以处断，实属情罪相当，应予维持。故将控诉驳回，判决如主文。

右案由高等检察厅检察官蹇先昌莅庭，执行检察职务。

中华民国三年五月十三日

本厅刑庭

审判长推事：赵希岳（印）

推　　事：章家骥（印）

推　　事：董　正（印）

书 记 官：艾绍英（印）

34. 贵州高等审判厅刑事判决高字第二七九号判决

被告人：吴旺神保，天柱县人，年二十九岁，住远口，雇工。

右被告人因图产谋杀案，经天柱县讯拟，具报本厅，覆判如左：

主文：吴旺神保杀毙庄云和吴姚氏之所为，各处以死刑；其盗取吴姚氏家财之所为，处以三等有期徒刑四年，应执行死刑，并褫夺所有公权全部资格三十年。凶器无存免追。其取得吴姚氏家财物，照数追出，给吴姚氏之女具领，以为殡葬之资。吴望发遗产，由族公择亲支子侄为嗣承受。

事实：吴旺神保与吴姚氏之夫吴望发，系从堂弟兄。望发身故无子，仅遗一女适龙姓，吴旺神保因望发略有遗产，欲以子承继为嗣，吴姚氏不允，遂成仇隙。民国二年阴历六月，吴姚氏经凭母族，招东防保卫先锋三队出伍兵庄云和为夫，吴旺神凭族与理，谓不应仍占吴姓产业，姚氏不服，屡言要将该犯杀害。旋因在土内折取植物，被庄云和持刀追杀未遂，仇恨益增，即向族人吴老成、吴求喜商议，请求帮助杀毙庄云和夫妇，瓜分财产，具各应允。十一月三十日，吴姚氏、庄云和偕往唐仁寨其女龙吴氏家，吃外孙周岁酒，须至次月初二日始回，为该犯探知，约定吴求喜等往必由之路小江河，等候下手。十二月初一日，有龙明亮来约该犯，往虚惊河背木，该犯不允，并告以谋杀吴姚氏等之事，龙明亮愿同帮助。初二日，龙明亮带护手刀一把，该犯持扁担一根，同至小江河旁，移时吴求喜、吴老成徒手行来，四人会齐，燃火吃烟，等待未几，吴姚氏手携布伞，庄云和背负马刀，携盛黄豆米饼之竹篮一个走来，该犯等截住去路，声斥姚氏招夫霸产之非，当捆赴县城理论，否即杀害。姚氏取出身旁小刀，向该犯扑戳，该犯用扁担连击伤其右臂膊等处，并将刀打落，扁担亦已折断，维时庄云和拔出马刀，势欲救助，吴老成、吴求喜假作解劝上前，乘庄不防，夺刀过手，递给该犯，庄转向夺取，龙明亮赶拢，用刀将庄砍杀，跌落半岩。吴姚氏扑向该犯拚命，该犯即用刀砍伤其左腆秋，龙明亮砍伤卤门，倒于河内身死。该犯又命龙明亮绕道至半崖，查看庄云和生死，一并掀之下河。龙明亮走至，将荘再杀数刀，推落河内，凶刀亦同丢弃各散。该犯即至姚氏家中，将财物运至己家，旋经该县访闻，并准庄云和之队长查明尸身，咨请查究，复据姚氏之女龙吴氏告诉到县，该县将吴旺神保缉获，讯供前情不讳，议拟呈报高等检察厅转送覆判。

理由：据右事实，吴旺神保因图得产业，起意纠伙，杀死庄云和吴姚氏之所为，应依《暂行新刑律》第二十九条第一项、第二十三条第一款、第三百十一条之规定处断，原判处以死刑，情罪尚属相当，惟引律略有错误。查庄云和夫妇之死，虽系龙明亮致伤要害，然无该犯之主谋，则龙明亮与庄云和夫妇杳不相涉，何自发生此事，乃该犯任意狡供，谓姚氏曾有欲将该犯杀害之语，又谓下手之时姚氏拔出所带小刀先向该犯扑戳，希冀减轻犯罪情节，不思姚氏乃一女流，当日该犯等谋杀行为，既未预知，何至带刀随身，且所带又属小刀，究有何用，其为该犯揑饰，显然无疑。该犯又因龙明亮在逃，遂将最重行为推卸于彼，不思该犯既系主谋，就令行为之时全不动手，亦不能不共同负责。所谓我虽不杀伯仁，伯仁由我而死也。况庄云和跌落半崖之后，该犯命龙明亮将其推入河内，是该犯有杀死二人之决心，完全成立二个杀人罪，原判引第三十条以该犯为教唆犯，不知教唆犯系仅造意指挥于先，于实施犯罪行为之际，并未加入，故成立此项罪名。今该犯纠率同伙下手实行，只须适用第二十九条之规定，原判此点殊嫌蛇足，而于侵害二个人格法益之犯行，不依第二十三条之例处断，只认为一个杀人罪，亦与法理未协，故撤销原判，更为判决，将吴旺神保依第三百十一条、第二十三条及同条第一款，科以二个死刑，执行其一。其盗取吴姚氏家财之所为，依第三百六十七条，处以三等有期徒刑四年，并依第三百三十一条褫夺该犯所有第四十六条左列全部公权资格三十年。至吴姚氏现有产业，原为前夫吴望发所遗，非庄云和所能享有，原判给以其母作为养赡，殊属不合，应由吴氏族中就望发亲支子侄择其应继者为之，立后以承宗嗣，遗产即由嗣子相继。庄云和夫妇之葬费，只许将吴旺神保所得财物追出，变卖供用。逸犯龙明亮等获日另结。凶器无存免追。特判决如主文。

右案应以本厅为第二审，照章并记。

中华民国三年四月十三日

本厅刑庭

审判长推事：林名正(印)

推　　　事：赵希岳(印)

推　　　事：龚兆瀛(印)

书　记　官：聂汝骅(印)

35. 贵州高等审判厅刑事判决高字第二九八号判决

被告人:梁老红,紫云县人,年四十三岁,住狗头寨,无业。

梁老年,紫云县人,年四十二岁,住坝屋寨,无业。

右被告人因听纠行劫案,经紫云县缉获讯拟,具报本厅,覆判如左:

主文:梁老红、梁老年在途行劫一罪,仍照原判,处以死刑,并各褫夺公权全部资格终身。其私擅逮捕一罪,处以三等有期徒刑四年,应执行死刑。

事实:梁老红、梁老年平日在外游荡。民国二年九月十七日,途遇在逃之王保,与言韦老羊探得客商蒋大德等贩有盐货,往赶宗地龙场,必由穿硐经过,该处偏僻,韦老羊欲在彼行劫,已约集多人,令其约梁老红等入伙,二人均各应允,当在路旁树林内,各寻木棒一根,同至穿硐,见韦老羊率领梁老奈等十一人,各执刀枪,在山湾内等候,移时蒋大德等行来,该犯等上前拦抢,事主张乔保、陈腊妹、曾有福扑拢喊拿,韦老羊、梁老奈各持刀拒伤,劫得盐货,分携逃逸。事主陈老三、刘小二追夺,被韦老羊等捉缚至附近岩硐内,当将赃物俵分,并迫令陈老三等写信回家,备银赎取,陈等不允,将其关禁数日始放。该事主等报县勘验,本年二月十七日拿获梁老红、梁老年,传集事主质讯,各供前情不讳,该县议拟,呈由高等检查厅转送覆判。

理由:据右事实,梁老红、梁老年共同韦老羊等,在途行劫,伤害事主三人及私擅逮捕监禁人之所为,适触犯《暂行新刑律》第三百七十四条第一款第三款、第三百四十四条之罪,依第二十九条规定,该犯等应共同负责,照第二十三条应各科其刑,并照同条第一款定其应执行者,原判于所犯强盗罪按照第三百七十四条,处以死刑,并依第三百八十条各褫夺其所有第四十六条左列公权全部资格终身,尚属允协,惟于其私擅逮捕监禁事主一罪,认为犯罪之结果,援用第二十六条从重处断,则不免错误。查第二十六条前半之规定,系因犯罪之意思仅为一个,而进行时因手段或结果之歧出,致触犯目的以外之罪名,故法律只就其重者,而加以制裁,盖以目的以外行为,与其犯罪之意思不相一致,而无因果关系之预见故也。此案梁老红等强盗之行为,至得赃携走,即已完结。其逮捕监禁事主之所为,不惟与行劫之结果无关系,即以方法而论,亦绝对的不同。盖缘逮捕监禁之意思,全在掳人勒赎,而私擅逮捕之行为,与监禁人之结果,因以发生,自应独立论罪,原判误解第二十六条前半之意,将此罪吸收于强盗罪中,殊不适法。故本厅特为补充判决如主文。

右案应以本厅为第二审,照章并记。

中华民国三年五月五日

本厅刑庭

审判长推事:林名正(印)

推　　事:赵希岳(印)

推　　事:董　正(印)

书 记 官:聂汝骅(印)

36. 贵州高等审判厅刑事判决高字第三〇五号判决

被告人:王树青,南笼县人,年二十岁,手艺。

右被告人因杀人案,经南笼县审拟,呈报本厅,覆判如左:

主文:王树青仍照原判,处以死刑,并褫夺公权全部资格三十年。凶刀遗失免追。

事实:王树青即王长生,与已死甘露素识无嫌,民国三年一月不记日期,王树青借得甘露背心一件,日久未还。四月三日夜三更时分,甘露撞遇树青于黑神庙前,向之索讨,树青许以他日返还,甘露不从,遂相吵闹,随将王树青扯住不释,树青情急,即拔取身带小刀,向之戳杀,致伤甘露左乳,倒地登时身死。尸父甘培忠报案,该县勘验填格,立派干役于是夜四更时,将该犯拿获到案,讯供前情不讳,依《暂行新刑律》第三百十一条之规定,拟处该犯死刑,具文呈请高等检察厅转送覆判。

理由:据右事实,王树青借人之物,久假不归,真正所有权者向之索讨,而推以异日,当此夜深人静,既未携以随身,势不得不如此央缓,迨甘露将该犯扭住不放,虽不免过于逼迫,然彼系空拳赤掌,并非有何危险,即使有不正之侵害,而徒手行使,其防卫权已绰然有余,何得用身带小刀,将其左乳杀伤,倒地登时身死,其罪实无可原,原判依《暂行新刑律》第三百十一条之规定,拟处死刑,尚属允协,应维持其效力,惟从刑未科,究属疏漏,本厅特为补充,依第三百三十一条之规定,褫夺该犯所有第四十六条公权全部资格三十年。凶刀遗失免追。因上理由,爰判决如主文。

右案应以本厅为第二审,照章并记。

中华民国三年五月四日

本厅刑庭

审判长推事:林名正(印)

推　　　事:邓良焘(印)

推　　　事:龚兆瀛(印)

书　记　官:聂汝骅(印)

37. 贵州高等审判厅刑事判决高字第三一二号判决

控诉人:周扬明,贵阳县人,年十九岁,住拐耳坝,务农。

右控诉人对于中华民国三年四月二十四日贵阳地方审判厅就其奸非和诱所为第一审之判决声明控诉,本厅审理判决如左:

主文:原判对于周扬明和奸科刑之部分撤销,周扬明和奸周三妹之所为,改处三等有期徒刑二年又五月;其和诱周三妹之所为,仍处以四等有期徒刑一年,并褫夺公权全部资格八年,罪系俱发,应执行有期徒刑三年。未决期内,羁押日数,仍以二日折抵徒刑一旧计算。

事实:周扬明即周彬臣,为周罗氏之缌麻服侄孙,该氏之夫早故,遗子女各一,女名三妹,曾许字姚子臣之次子为室,尚未过门。民国二年阴历五月,扬明乘周罗氏不屋,与三妹调戏成奸,过后遇便续旧,不记次数,三妹寻即受孕,将近临产,扬明遂于民国三年二月,复乘周罗氏外出,诱之同逃,三妹允从,即收拾衣被,并将其母银两一对,不知轻重,一并交与扬明,于是夜与之潜逃,扬明约其舅父杜辖二同行照料,三人行至大坡,往张三么家求宿,张知其来历不明,拒不许三妹进屋,只得在屋外空轿中度夜。次日,扬明回家,掩饰耳目,杜辖二雇夫护送三妹进城,至三板桥福兴庵,向尼僧发祥诈称,系至戚之女,来城寻觅佣工处所,欲于此栖身数日,该尼不知来历,当允暂住。三妹逃后,其弟双喜即请堂兄朝冠,集族众追寻,时已三鼓,人各家居,独扬明不屋,证人之往日人言,该族人等已知其故,乃逐日分途搜察。至四月初七日。朝冠等查知三妹在庵,报告区警,前往拿获,连同杜辖二、僧发祥到区,讯明扬明现住西门店内,亦即捕获,送交贵阳地方检察厅,该厅据周罗氏之告诉,起诉该同级审判厅,讯悉前情,依《暂行新刑律》第二百九十条,于周扬明、周三妹各处以四等有期徒刑一年,宣告三妹缓刑三年。至周扬明和诱一罪,依第三百四十九条第二项之规定,处以四等有期徒刑一年,定该犯执行刑期为一年又十月。杜辖二帮同和诱,亦照第二十九条第二项,依所犯第三百四十九条第二项之罪,处以五等有期徒刑六月。尼僧发祥,讯明事前并不知情,宣告无罪。该犯周扬明不服控诉,经高等检察厅起诉过厅,提集该犯与周罗氏等质讯,狡不供认,诘之周三妹,据供与周扬明奸通后,和诱同逃是实,而周朝冠及周罗氏等亦将从前事实历为指出,该犯始俯首无词。案经讯明,应即依律判决。

理由:查周扬明为周三妹缌麻服侄,乃竟凌乱伦纪,与之相奸,实触犯《暂行新刑律》第二百九十条之罪,原判依本条处以四等有期徒刑一年,固在主刑范围内,然该犯此等行为,大悖于吾国礼教。况据周罗氏供述,前此曾禁其往来,该犯竟敢恃强恐吓,情节甚属可恶。若不从严惩处,何以维世道而正人心。既据该犯控告前来,本厅审查事实,原判于此部分,实失之轻纵,应即撤销,另为判决。查第二百九十四条第三项规定,第二百九十条之罪,须妇女之尊亲属或本夫告诉乃论。此案既由周罗氏告诉,依法自应受理,周扬明和奸周三妹之所为,援用第二百九十条规定,改处三等有期徒刑二年又五月。至该犯和诱周三妹之所为,触犯第三百四十九条第二项之罪,依第三百五十五条之例,犯第三百四十九条之罪者,须告诉乃论。此种告诉权应属何人,法文虽未定明,然按之国情,被害者本人及其尊亲属,当然有之。周扬明和诱周三妹之所为,其母周罗氏既经告诉,亦当受理。第一审衙门于此部分,处周扬明以四等有期徒刑一年,尚属相当,应予维持原判效力。所有该犯罪刑之执行期限,按照第二十三条第三款于两刑合并之刑期四年以下,其中最长之刑期二年又五月以上，定其应执行之刑期为三年，并依第二百九十五条及第三百五十六条之规定，褫夺其所有第四十六条公权全部资格八年。查该犯于民国三年四月四日收所，六月十一日判决宣示，二十日确定，计未决定期内拘押二月十八日，照律折抵刑期一月九日，尚应执行有期徒刑二年十月二十一日。据上理由，判决如主文。

右案由高等检察厅检察官蹇先昌莅庭，执行检察职务。

中华民国三年六月十一日

本厅刑庭

审判长推事：赵希岳（印）

推　　事：章家骥（印）

推　　事：董　正（印）

书 记 官：艾绍英（印）

38. 贵州高等审判厅刑事判决高字第三二一号判决

被告人:王文荣,年三十二岁,黎平县人,住江口,办团。

杨胜沂,年二十四岁,黎平县人,住江口,已革学生。

姚本年,年三十岁,湖北省人,住江口,务农。

杨秀贵,年二十二岁,黎平县人,住江口,务农。

杨秀钧,年二十二岁,黎平县人,住江口,务农。

王明仁,年十八岁,黎平县人,住江口,务农。

王明河,年二十岁,黎平县人,住江口,务农。

右被告人因伤害及私擅逮捕等案,经锦屏县审拟,呈报本厅,覆判如左:

主文:原判撤销,王文荣伤害王杨氏之所为,处以二等有期徒刑八年。杨胜沂伤害王潘氏之所为,处以四等有期徒刑二年零六月。又该二犯与姚本年、杨秀桂共同伤害王明泉之所为,各处以四等有期徒刑二年零六月。其共同捆缚王明泉之所为,各处以四等有期徒刑二年又二月。王文荣、杨胜沂、杨秀钧、王明河、王明仁共同诬告王明泉之所为,各处以三等有期徒刑三年。杨胜沂伪造私文书之所为,处以四等有期徒刑二年。罪系俱发,王文荣执行有期徒刑十二年,剥夺公权全部资格十五年。杨胜沂执行有期徒刑七年,剥夺公权全部资格十年。姚本年执行有期徒刑四年,杨秀桂执行有期徒刑五年,并各剥夺其公权全部资格六年。王明河、王明仁、杨秀钧各剥夺公权全部资格五年。逸犯获日另结。凶器无存免追。

事实:王文荣与王明泉,素因家屋事故,缠讼成仇。杨胜沂因伪造借约，向伊族内索讨债账，被明泉证明券系假捏，消灭债权，亦有恶感。民国三年二月，湘黔境界洪匪猖獗，文荣、胜沂于是月初八日起意，以通匪大题陷害明泉。十二日，由文荣嘱令杨胜沂、杨秀桂、杨秀钧、王明河、王明仁五人，赴驻三江王寨陈管带军营，具报其事。文荣旋于十四日晚，探知明泉将于次日出门，即与胜沂邀集姚本年、杨秀桂、王文桃、老王等，于是日清晨在寨门口等候，明泉果行至河畔，立于凉亭之上，将欲渡河，该犯等一齐上前，文荣与胜沂将明泉推倒在地，王文桃、老王遂即按住，姚本年、杨秀桂即用绳捆缚两手，文荣、胜沂乃持镖杆，向之乱殴，本年、秀桂亦帮助殴打，当将明泉打伤八处，文荣等复鸣锣，声喊明泉为匪，须每户出人一名，解送军营究治，明泉家属王杨氏、王潘氏闻知，即往救护，王杨氏抓扭杨胜沂，王文荣用镖杆将该氏殴打，复推之下坎，致跌断左足。王潘氏往解明泉捆绳，亦被胜沂以标杆殴伤手膀，报经锦屏县，拘获王文荣、杨胜沂、姚本年、杨秀桂、杨秀钧、王明河、王明仁七人到案，讯悉前情，王文桃、老王二人逃逸未获，依律议拟，具文呈由高等检察厅转送覆判。

理由：据右事实，王文荣、杨胜沂挟嫌，唆使杨秀钧等，诬告王明泉之所为，适触犯《暂行新刑律》第一百八十二条之罪。查该犯以通匪等情，捏报军营，实属意图他人受刑事处分，而向相当之官署为虚伪之报告，自告之后罪名即已成立，不能因尚未处分，遂宽其责。王文荣应依第三十条第一项规定，杨胜沂应依第三十二条规定，杨秀桂、杨秀钧、王明河、王明仁应依第二十九条第一项规定，各依第一百八十二条，处以三等有期徒刑三年。至杨胜沂伪造私文书一罪，既经讯明，即当处分，应依第二百五十条之规定，按照所犯第二百四十三条第一项，处以四等有期徒刑二年。该县于此两罪，毫未议及，特为补充。其于王文荣致伤王杨氏一罪，依第三百十三条第二款，处以二等有期徒刑八年。杨胜沂殴伤王潘氏一罪，依同条第三款，处以四等有期徒刑二年又六月。姚本年、杨秀桂共同王文荣、杨胜沂伤害王明泉一罪,依第三百十六条第一项、第三百十三条第三款,各处以四等有期徒刑贰年又六月。原判于此部分处断,尚无不合,其他引律科刑,颇多错误,应为揭明更正。查王文荣于王杨氏与杨胜沂抓扭之际,用标杆将王杨氏殴打,复推之下坎,将其左足跌断,是王文荣之所为,依第八十八条第一项第四款规定,固成立第三百十三条第一款之罪,而杨胜沂系先与王杨氏抓扭,于文荣之行为,并无共通之意思,即不能同负责任,原判不惟于王文荣所犯,误引第三百十三条第二款论罪,且对于杨胜沂并引第三百十五条,以从犯论,又援用第三十一条为之减等,实有未合。至王文荣、杨胜沂、姚本年、杨秀桂共同捆缚王明泉一罪,应依第二十九条第一项之例,各照第三百四十四条处断,并依第三百四十七条并科伤害罪刑。又王明河、王明仁、杨秀钧对于王文荣等伤害王明泉之所为,既系事后到场,自应不负责任,然该三犯于诬告王明泉之时,均听王文荣唆使,同至军营报告,系属共犯诬告之罪,原判于不应科罪行为详科断,而于以上两点则又置而不论,实属错误,故本厅于王文荣等捆缚王明泉一罪,各处以四等有期徒刑二年又二月。于王明仁等共同诬告王明泉一罪,亦各处以三等有期徒刑三年。至该犯等应科从刑,王文荣、杨胜沂、姚本年、杨秀桂依第三百三十一条及第三百四十八条之规定,王明河、王明仁、杨秀钧依第一百八十五条之规定,各剥夺所有第四十六条全部公权资格,分别科定年限,于主文内依法宣告。查杨胜沂系五罪俱发,王文荣系四罪俱发,杨秀贵系三罪俱发,姚本年系二罪俱发,应各按照第二十三条第三款之例,于各刑合并之刑期以下,其中最长之刑期以上,定其应执行者,王文荣定执行刑期为十二年,杨胜沂定执行刑期为七年,姚本年定执行刑期为四年,杨秀桂定执行刑期为五年,王明河等三犯系独立一罪,即照宣告刑期执行。逸犯王文桃、老王获日另结。标杆无存免追。爰据以上理由,判决如主文：

右案应以本厅为第二审，照章并记。

中华民国三年六月一日

本厅民庭

审判长推事：赵希岳（印）

推　　事：邓良焘主任

推　　事：龚兆瀛（印）

书　记　官：聂汝骅（印）

刑事决定

1. 贵州高等审判厅刑事决定高字第六七号决定

申请人:高等检察厅检察官

右申请人因童云初上告驳回案,对于该犯所应执行刑期,照章申请,本厅决定如左:

主文:童云初自中华民国二年十二月二十三日该案确定之日起应执行有期徒刑五月十三日

理由:本案童云初与杨和清,因刘良崧犯罪监禁,托令觅人具保,请求开释,该犯等遂诳称,代其运动,诈欺得财,贵阳地方审判厅依律科罪,不服控诉。本厅于民国二年七月二十三日审理判决,仍依刑律第三百八十二条,处以五等有期徒刑十月。该犯不服上告,是年十二月二十三日大理院判决,应科主刑仍照原判,发回执行。高等检察厅对于执行期间,遵照总检察厅训令,准用《刑事诉讼律草案》第五篇第四章关于裁判疑义之规定声明,[①]本厅依法定明该童云初现应执行刑期,以便查照办理,自应依法决定。查《暂行新刑律》第八十条载"未决期内羁押之日数得以二日抵徒刑拘留一日"等语,此案童云初于民国二年三月二十日由贵阳地方检察厅收所起诉,迭经地方审判厅及本厅依法审判,不服上告,复经大理院于是年十二月二十三日终审判决,该案即于是日确定。其在十二月二十三日以前被押之日期,应依第八十条,以二日抵除徒刑一日,是该犯于

① 此处可能有误,《刑事诉讼律草案》第五编是"特别诉讼程序",第六编是"裁判之执行",其中的第五百一十四条涉及到裁判疑问。

未决期内计被羁押九月四日,应折抵徒刑四月十七日,尚应执行有期徒刑五月十三日。至二年十二月二十三日以后,在禁日期,自应按日计算,勿庸折抵。特决定如主文。

中华民国三年三月十三日

本厅刑庭

审判长推事:赵希岳(印)

推　　　事:董　正(印)

推　　　事:章家骥(印)

书　记　官:艾绍英(印)

2. 贵州高等审判厅刑事决定高字第一六八号决定

抗告人：马黎氏，贵阳县人，年八十四岁，住内南区双土地，马家琛之母。

马家琛，贵阳县人，年六十岁，住内南区双土地，前清千总。

右抗告人对于中华民国二年九月二十六日贵阳地方审判厅就该抗告人以生死不明等情，具控唐周氏一案所为之决定声明不服，抗告本厅，调查决定如左：

主文：本案抗告驳回。

理由：马家琛系前清罗斛营千总，其子双喜未赴任所，随侍马黎氏在家，马黎氏托何文清，送往唐桂亭广货铺学徒。唐桂亭因事外出，其妾梁氏系丹江县人，本年三月十一日私行逃回丹江，并随带家中银钱货物，经唐桂亭母钟氏查知，因该氏私走时，系马双喜开门放出，当与铺中掌柜陈琼林向马双喜清问，马双喜称早间曾送梁氏由次南门外起身，随寻保荐人何文清理论，据云可将马双喜留在铺中，追回梁氏对质。马双喜旋于十四日天明时，自开铺板潜逃。唐桂亭妻周氏，令人追寻，一面报告马何两家，竟未寻获。四月内，唐姓接到梁氏由丹江来函，云马双喜于贵定属之沙平，追及该氏，遂偕往丹江，另谋事业，同行至凯里属之排洛河，失足溺毙。唐梁氏投明团甲，报经凯里分县验明，备棺浅厝等情，马黎氏闻信，即以生死不明等情，具控唐周氏于贵阳地方检察厅，起诉地方审判厅，当经预审，讯悉前情，并据凯里分县查复，亦与前情无异。马黎氏痛孙情切，必欲一见尸身，唐姓助资，将尸搬运来省，马黎氏疑系谋毙，称欲开棺相验,旋恐不实,致犯诬告罪刑,惟请求厚葬,该厅即决定免诉,马黎氏母子不服抗告,本厅以案情重大,非经言词辩论,不足以昭折服,片请同级检察厅派员莅视,传讯马家琛及唐周氏委任之陈燕宾等,据供与上开各情相符。马家琛并称,职母年高,仅此一孙,因唐姓家事惨遭溺毙,自己贫无资财,欲唐姓量力资助,俾得从丰安葬,以尽祖孙之情。现唐姓助银六十两,情谊甚厚,职母哀恸之余,遽行抗告,经职譬解,已自醒悟。至抗告状,并列职名,系母亲命人所为,先本不知等供。据此,查刑事本无断给葬费之规定,惟马双喜与唐桂亭谊属师徒,略助葬费,系属慈善事业,官厅不便干涉。马黎氏怀疑谋毙,经第一审衙门讯明,决定免诉,并无不合。本案抗告甚无理由,本厅咨询检察官意见,特为驳回决定如主文。

中华民国二年十一月二十七日

本厅刑庭

审判长推事:林名正(印)

推　　事:董　正(印)

推　　事:章家骥(印)

书 记 官:胡天锡(印)

3. 贵州高等审判厅刑事决定高字第一八四号决定

声请人:高等检察厅检察官

右声请人对于金同章与罗平之等诉讼行为,认为有移转管辖之必要,据情声请前来,本厅调查决定如左:

主文:本案管辖权移转于遵义县。

理由:查金同章等状称,于去岁同伙多人贩洋烟往赤水县销售,行至该属土城地方,被罗平之等勾匪叶焕章陷害,劫去烟七千余两,具控该县,畏势不理,复上控都督,屡饬解省讯办,迄未奉行,罗平之反串托该知事及县议会,朦呈内务司,谓罗系该县议员,未经议会除名,照章不能逮捕,并谓金同章等为任意诬蔑,请由内务司饬该民原籍之安顺县,处该商民等以诬告之罪。查此案先准行政公署送厅,请求将金同章等提省讯办。查阅所送原卷,果有赤水县呈文,及公署饬安顺县照诬告律,将金同章等科罪之令。本厅以未经第一审判决,照章不能提审,且未经提起控诉之案,须由高等检察厅核办,当经函送去后,兹准该厅检察官,据以上各情,恐原受诉之赤水县办理此案,不免偏徇,声请移转管辖到厅。查罗平之既经被诉,该县议会当然将其除名归案,该知事不照章向议会请求,仅以不能逮捕塞责,推其流弊,则议员犯罪,国家法律不能加以制裁,尚复成何政体。该知事此呈,显系袒庇,乃复以未经质讯之案,迳请加原诉人以诬告罪刑,尤为不合。此案若仍由该县审理,其裁判必失公平。高等检察官声请移转管辖,本厅按《刑事诉讼律草案》第十九条第二项认为适法,将本案管辖权移转于邻近之遵义县,特为决定如主文。

中华民国二年十一月二十九日

本厅刑庭

审判长推事:林名正(印)

推　　事:赵希岳(印)

推　　事:龚兆瀛(印)

书 记 官:胡天锡(印)

4. 贵州高等审判厅刑事决定高字第二四四号决定

抗告人：贵阳地方检察厅检察官。

右抗告人对于贵阳地方审判厅就陈廷玥抢获李定基田谷所为之决定不服，抗告本厅，调查决定如左：

主文：原决定撤销，陈廷玥抢获田谷之所为，应即诉追。

理由：本案抗告论点，谓陈廷玥供认抢获不讳，详阅两造契据，核其地名，所获之田，确系李姓所有，且为历年耕管之业。至贵阳地方审判厅谓，陈姓田房，亦有为李姓霸占者，乃调查员意揣之辞等语。本厅查卷宗内附呈图说，陈廷玥抢获之田，确系李定基所有，陈廷玥恃老而横，辄敢假称官厅命令，纠人抢获李定基田谷，实已发生刑事问题。地方审判厅谓，陈所抢获之田，有系自己所有，现为李姓霸占者，虽出于抢获，实与侵占有别，宣告免诉，其所主张与该检察官所提论点绝对相反，然使果有确切证明，则其免诉之决定，亦属有正当理由。不过，该厅虽经预审调查，而何业属陈、何业属李，尚涉疑似不能确实证明，致贻当事人以反对之口实，抗告人所提论点甚有理由，应将原决定撤销，仍由地方检察厅提起公诉，该同级审判厅集案研讯。如陈廷玥确系强取他人所有物，则应科以《暂行新刑律》第三百七十条之罪，否则李定基确系诬告，亦应科以第一百八十二条之罪，勿得仍涉含混，必期水落石出，以昭折服。特为决定如主文。

中华民国三年二月二十四日

本厅刑庭

审判长推事:林名正(印)

推　　　事:赵希岳(印)

推　　　事:章家骥(印)

书　记　官:艾绍英(印)

5. 贵州高等审判厅刑事决定高字第三〇九号决定

声请人:高等检察厅检察官。

右声请人据黔西县民孙守忠,以勒揢串告等情,呈诉该县门役马锡安等一案声请移转管辖,经本厅调查,决定如左:

主文:本案之管辖权移转于织金县。

理由:查诉讼法理,凡因地方情形,恐审判有不公平者,得声请移转管辖。此案孙守忠状称,黔西县门役马锡安、房书任纯臣等,借案勒揢银八十两,已付七十二两,执有收据并信函为凭,嗣据情呈诉于该县知事赵金声,请求追究,该县置之不理等语,声请人据此情形,依据《刑事诉讼律草案》第十九条第二项,声请移转管辖到厅,其声请理由谓,此案据该民状称,该县门役马锡安等,借案勒揢得银,至七十余两之多,并有收领及信函为凭,殊属不法已极,被告既属该县门役,不能仍由该知事审理,应请将此案移转他县管辖等语。查此案不特被控人系该黔西县门役、房书,该知事应行回避。且孙守忠状称,在县呈诉,该知事置之不理,难保无袒庇情形。若仍由该县审讯,必发生审判不公平之结果,声请人据此请求移转管辖,理由甚属正当,亦与《刑诉律草案》第十九条第二项之规定相合,应将该案管辖权移转于织金县,特为决定如主文。

中华民国三年五月十二日

本厅刑庭

审判长推事:赵希岳(印)

推　　事:董　正(印)

推　　事:龚兆瀛(印)

书　记　官:艾绍英(印)

6. 贵州高等审判厅刑事决定高字第三三二号决定

声请人:高等检察厅检察官。

右声请人因据尚世让呈诉,黔西县差役张兴,伙串抄掳、藐法遮天各情,声请将该案移转管辖前来,本厅调查决定如左:

主文:本案管辖权,移转于清镇县。

理由:查《刑事诉讼律草案》第十九条规定,移转管辖之条件,其第二项云:"凡因被告人身份地方情形或诉讼经历,恐审判有不公平之结果者,得声请之"。此案声请人提出理由,因据尚世让之呈诉,查尚世让状称,张兴即张荣光,现为黔西县各役老师,若回县候审,官法则远,差法甚蛮,定被私行卡押,非惟不得见官,且状词亦难递上等语。查差役易于舞弊,自属实情。该民既有此呈诉,高等检察官为之据情声请,核与诉讼律草案第十九条第二项所谓"因被告人身份"一端实相符合,虽该张荣光曾经辩诉,谓尚世让所控,系属捏饰,对于曾充差役一节,力辩不足为本案之障碍。盖惟恐本案移转管辖,不得肆其伎俩,中情显然,尤足为尚世让所诉各情之反证。声请人据情声请,实有理由,应将该案管辖权,移转于附近之清镇县,特为决定如主文。

中华民国三年六月二十九日

本厅刑庭

审判长推事:赵希岳(印)

推　　事:闵永濂(印)

推　　事:邓良焘(印)

书 记 官:艾绍英(印)

附录：

1. 贵州高等审判厅职员履历俸给表

职别	姓名	履历	部定俸给数	二年四月至十二月估俸给实支数	三年一月至七月俸给实支数
厅长	吴绪华	贵州贵阳县人，前清举人，毕业日本宏文学院普通科及日本大学法律科、明治大学高等研究科，曾充本省公立法政学校校长、省议会议员、参议院议员。	四〇〇	一〇〇	一四〇
民庭庭长	徐承恩	贵州贵阳县人，前清举人，云南盐大使，历充检验学堂管理兼会计长、财政公所调查员、高等审判厅推事、贵阳地方审判厅民庭长。	二八〇	五〇	六〇
民庭推事	何光祖	湖南善化县人，前清知县，历署广顺县知事、贵阳地方审判厅民庭推事。	一七六	四〇	五〇
民庭推事	花　相	贵州贵阳县人，贵州官立法政学校别科毕业，历充裁判局科员、贵阳地方审判厅推事。	一七六	四〇	五〇

续表

职别	姓名	履历	部定俸给数	二年四月至十二月估俸给实支数	三年一月至七月俸给实支数
刑庭庭长	赵希岳	贵州贵阳县人,前清通判,贵州官立法政学校别科毕业,历任裁判局科员、大塘县知事、贵阳地方检察官本厅推事。	二八〇	五〇	六〇
刑庭推事	章家骧	贵州贵阳县人,前清附生,贵州官立法政学校别科毕业,历充政务处、司法司、司法筹备处科员。	一七六	四〇	五〇
刑庭推事	邓良泰	贵州德江县人,贵州官立法政学校别科毕业,历充贵阳初级及地方审判厅学习推事。	一七六	四〇	五〇
刑庭推事	闵永濂	贵州瓮安县人,前清附生,贵州私立南明学校法政别科毕业,历充贵阳地方审判厅刑庭练习实务员、本厅书记官。	一七六	四〇	五〇
书记官长	费延泽	湖南武陵县人,前清府经历,历署镇远府经历、高等审判厅典簿。	一六〇	二六	五〇
一等书记官	聂汝骅	贵州修文县人,考取前清己酉职官,贵州官立法政学校司法讲习科暨师范学堂毕业,历充修文暨模范高等小学教员。	八四	二〇	四二

续表

职别	姓名	履历	部定俸给数	二年四月至十二月估俸给实支数	三年一月至七月俸给实支数
一等书记官	李承泽	江苏吴县人,前清贵州典史,法政司法讲习科员毕业,历充高等审判厅书记官。	八四	二〇	四二
一等书记官	李保谦	贵州修文县人,前清附生,曾充奉天辽阳初级检察厅录事、本省省议会会计员兼庶务员。	八四	二〇	四二
二等书记官	陈　桑	贵州贵阳县人,官立法政别科暨师范学校毕业,曾充清镇官立高等小学校教员。	七六	一六	三二
二等书记官	艾绍英	贵州正安县人,前清附生,贵州官立法政学校别科毕业。	七六	一六	三二
说明:一、本厅各员职务均按照《法院编制法》暨办事细则分配执行;一、雇员庭丁略而弗载;一、本省财政困难,俸给向未全支,所领纸币,民国二年四月至十二月每元合通行银圆四角余,三年一月至七月每元合通行银圆五角余。火食均自备。					

2. 贵州高等审判厅元年、二年度经费总册

元年度	部定数:无; 本省核发数:壹万零陆佰玖拾柒元柒角肆仙; 本厅实支数:陆仟捌佰玖拾壹元肆角壹仙; 结存解库数:叁仟捌佰零陆元叁角叁仙。
二年度	部定数:叁万柒仟壹佰壹拾捌元肆角; 本省核发数:壹万玖仟肆佰捌拾伍元壹角捌仙; 本厅实支数:壹万叁仟零肆拾壹元柒角柒仙玖星; 结存解库数:陆仟肆佰肆拾叁元肆角零壹星。
元年二年度	实支总数:壹万玖仟玖佰叁拾叁元壹角捌仙玖星; 结存解库总数:壹万零贰佰肆拾玖元柒角叁仙壹星。
说明:一、元年度经费系,由前司法司支配,原额已属约之又约,然本省财政奇绌,又值军政时代,尤须遇事撙节,故即此最约之数,亦复节存叁千余元。一、二年度经费本省核发之数,仅达部定半额,厅员念切桑梓,俸给未曾实支,加以活支一项更力从减缩,故节存陆千余元。	

图书在版编目(CIP)数据

贵州高等审判厅判词辑要：点校本 / 吴绪华署检；程泽时校订. -- 北京：法律出版社，2018
ISBN 978-7-5118-8493-0

Ⅰ. ①贵… Ⅱ. ①吴… ②程… Ⅲ. ①审判-法律文书-汇编-贵州-民国 Ⅳ. ①D929.6

中国版本图书馆 CIP 数据核字(2018)第043861号

贵州高等审判厅判词辑要(点校本)
GUIZHOU GAODENG SHENPANTING PANCI JIYAO(DIANJIAOBEN)

吴绪华 署检
程泽时 校订

策划编辑 周丽君
责任编辑 周丽君
装帧设计 汪奇峰

出版 法律出版社
总发行 中国法律图书有限公司
经销 新华书店
印刷 北京京华虎彩印刷有限公司
责任校对 杨锦华
责任印制 张建伟

编辑统筹 独立项目策划部
开本 A5
印张 8.25
字数 182千
版本 2018年3月第1版
印次 2018年3月第1次印刷

法律出版社/北京市丰台区莲花池西里7号(100073)
网址/www.lawpress.com.cn
投稿邮箱/info@lawpress.com.cn
举报维权邮箱/jbwq@lawpress.com.cn
销售热线/010-63939792
咨询电话/010-63939796

中国法律图书有限公司/北京市丰台区莲花池西里7号(100073)
全国各地中法图分、子公司销售电话：
统一销售客服/400-660-6393
第一法律书店/010-63939781/9782 西安分公司/029-85330678 重庆分公司/023-67453036
上海分公司/021-62071639/1636 深圳分公司/0755-83072995

书号:ISBN 978-7-5118-8493-0 **定价**:36.00元
(如有缺页或倒装,中国法律图书有限公司负责退换)